인스타그램 마케팅을 위한
상품 사진의 비밀 37

Instagram SHOHIN SHASHIN NO TORIKATA GUIDE
written by 6151, Haruyo Nakano, moron_non, supervised by Snapmart Inc.

인스타그램 마케팅을 위한 상품 사진의 비밀 37

1쇄 발행 2020년 2월 29일
2쇄 발행 2021년 1월 22일

지은이 6151, 나카노 하루요, moron-non
옮긴이 구수영
펴낸이 장성두
펴낸곳 주식회사 제이펍

출판신고 2009년 11월 10일 제406-2009-000087호
주소 경기도 파주시 회동길 159 3층 3-B호 / **전화** 070-8201-9010 / **팩스** 02-6280-0405
홈페이지 www.jpub.kr / **원고투고** submit@jpub.kr / **독자문의** help@jpub.kr / **교재문의** textbook@jpub.kr

편집부 김정준, 이민숙, 최병찬, 이주원 / **소통기획부** 송찬수, 강민철 / **소통지원부** 민지환, 김유미, 김수연
기획 및 진행 송찬수 / **교정 · 교열** 강민철 / **감수** 도진호 / **내지디자인** 강준선 / **표지디자인** 이민숙
용지 타라유통 / **인쇄** 한길프린테크 / **제본** 광우제책사

ISBN 979-11-90665-00-1 (13000)
값 15,000원

인스타그램 마케팅을 위한 상품 사진의 비밀 37

6151, 나카노 하루요, moron_non 지음 / 구수영 옮김 / 도진호 감수

※ **드리는 말씀**

- 이 책에 기재한 회사명 및 제품명은 각 회사의 상표 및 등록명입니다.
- 이 책에서는 ™, ©, ® 등의 기호를 생략하고 있습니다.
- 이 책에서 안내하는 다양한 상품 사진 촬영 및 보정 방법은 독자의 제품이나 학습 시점, 운영체제 등에 따라 책의 내용과 다를 수 있습니다.
- 책에서 다루는 스마트폰 앱은 iPhone 기준입니다. 안드로이드 스마트폰에도 동일한 앱을 사용할 수 있으며, 일부 사용 방법은 다를 수 있습니다.
- 책에 포함된 예시 상품 및 디자인 등은 원서 출간 시기의 상태로, 현재는 판매가 종료되었거나 디자인이 변경되었을 수 있습니다.
- 책의 내용과 관련된 문의사항은 출판사로 연락해 주시기 바랍니다.
  - 출판사: help@jpub.kr

차례

CHAPTER 3

매력적인 사진을 완성하는 사진 보정

CHAPTER 4

상품 종류에 따른 사진 촬영 노하우

CHAPTER 5

스마트폰으로 끝내는 상품 사진 보정

감수자의 글

사진이 발명된 이래 세상은 한 번도 사진 이미지의 시대가 아닌 적이 없었습니다. 그만큼 사진이 사람들에게 놀라움을 가져다주었기 때문입니다. 특히 20세기 초 코닥(Eastman Kodak Company)에서 저렴한 브라우니 카메라를 선보이며 사진은 대중에게 들어오게 되었습니다. 하지만 저는 지금이 진정한 사진의 시대라고 생각합니다. 2000년대 디지털카메라가 보편화되었고 이제 더욱 쉽게 사진을 찍고 볼 수 있는 스마트폰을 남녀노소 모두가 항상 지니고 다니기 때문입니다. 인스타그램이 처음 나왔을 때가 생각납니다. '왜 정방형 프레임을 적용했을까?'라는 의문을 가졌는데, 선배들과 이야기를 나누면서 '스마트폰을 이용할 때 사진이 가장 크게 들어가는 프레임이 정방형이기 때문은 아닐까?'라는 추론에 동의하게 되었습니다. 물론 지금은 꼭 정방형이 아니라 가로, 세로로 긴 사진을 트리밍하지 않고 인스타그램에 올릴 수 있습니다. 그래도 가급적이면 인스타그램에 최적화되어 있는 프레임으로 올리는 것이 가장 좋은 방법일 듯합니다.

이 책은 인스타그램에서 사람들의 이목을 한 번에 끌어내는 사진을 어떻게 만드는지 알려줍니다. 이미지가 중요한 공간에서 사진 한 장으로 모든 것을 보여주려니 복잡하겠지요? 이 책은 그런 어려움을 해결할 수 있도록 도와줍니다. 이 책에서 특히 중요한 부분은 '처음에 생각해야 할 다섯 단계'라는 단락입니다. 매그넘 포토스(Magnum Photos) 창립자 중 한 사람인 로버트 카파(Robert Capa)는

'당신의 사진이 마음에 들지 않는다면, 당신이 충분히 다가가지 않았기 때문이다.'라고 했습니다. 저는 여러분께 '당신의 사진이 마음에 들지 않는다면, 다시 처음 단락을 읽어보세요.'라고 하고 싶습니다.

저에게 한마디로 이 책을 정의하라고 한다면 '광고 사진을 촬영하는 법'입니다. 사진학과 광고 사진 시간에 배웠고, 또 광고 사진 스튜디오에서 보조로 일할 때 무서운 실장님에게 욕먹어가면서 익혔던 촬영 팁들이 모여 있습니다. 물론 책을 읽었다고 해서 모든 것을 기억하고 이해할 수는 없을 것입니다. 그렇다면 해당 부분을 다시 찾아 읽어보면 됩니다.

책에서 생각보다 많은 내용을 담고 있어 어려워 보일 수 있습니다. 하지만 꼭 DSLR이 있어야 하는 것도 아니고, 라이트룸을 잘해야 하는 것도 아닙니다. 지금 가지고 있는 스마트폰으로 촬영하고 인스타그램에서 보정하기만 해도 생각보다 훌륭한 결과물이 나옵니다. 당신이 보여주고 싶은 것을 앞에 놓고 보여주고 싶은 사람을 생각하면서 일단 찍으세요. 여기서부터 당신의 사진이 당신이 원하는 것으로 만들어질 것입니다.

2020년 2월 상암동에서

도진호

이 책의 구성

이 책은 '어떻게 하면 인스타그램에서 더 많은 관심을 받을 수 있는 상품 사진을 만들 수 있을까?'에 대한 해결책을 제시합니다. 먼저 시선을 사로잡는 상품 사진에 대해 알려주고, 본격적인 사진 촬영 노하우와 컴퓨터와 스마트폰을 활용한 사진 보정 방법을 배울 수 있습니다.

CHAPTER 1

다양한 사례를 보면서 좋은 상품 사진과 촬영 전 상품 배치 방법에 대해 알아봅니다.

CHAPTER 2

본격적인 상품 사진 촬영에 앞서 사진, 카메라, 인스타그램 등에 대해 살펴봅니다.

CHAPTER 3

사진의 완성은 보정입니다. Adobe Lightroom Classic을 활용한 사진 보정에 대해 배웁니다. Lightroom 사용이 어렵다면 CHAPTER 5에서 스마트폰 보정 방법을 확인해보세요.

CHAPTER 5

스마트폰으로 촬영하고 보정하는 방법과 다양한 촬영 및 보정 앱을 소개합니다.

CHAPTER 4는 이 책에서 가장 중요한 내용으로, 촬영하는 상품의 종류에 따른 구체적인 촬영 노하우를 담았습니다.

어떤 제품을 촬영할지 확인할 수 있습니다.

해당 제품을 촬영할 때 주의할 점을 설명합니다.

메인 사진에 대한 상세한 설명과 촬영 포인트를 알려줍니다.

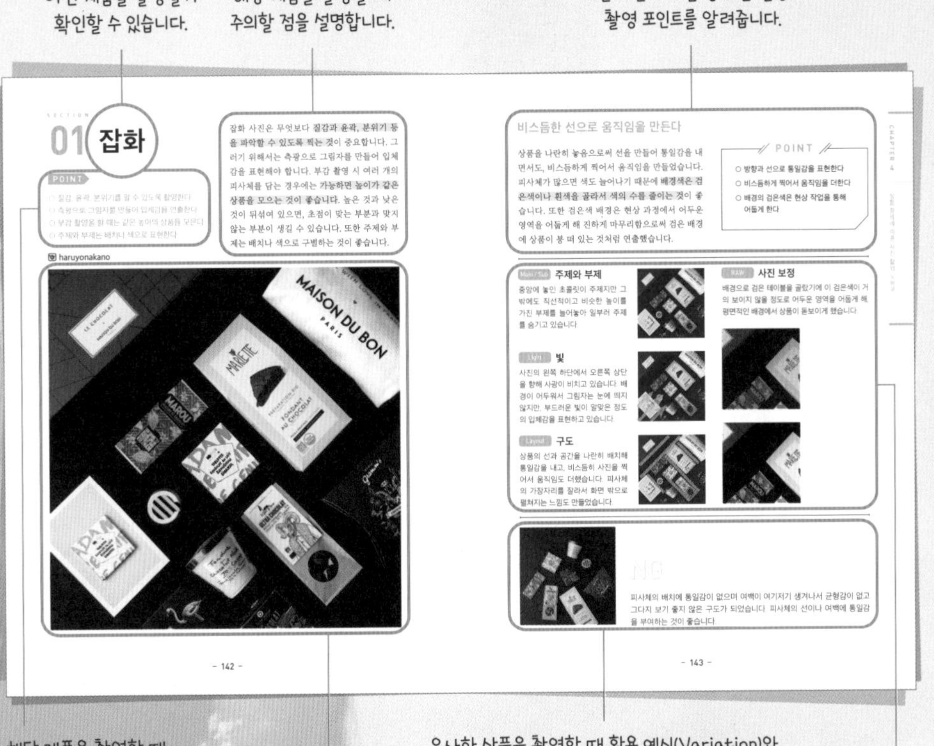

SECTION 01 잡화

POINT
○ 질감, 윤곽, 분위기를 알 수 있도록 촬영한다
○ 측광으로 그림자를 만들어 입체감을 연출한다
○ 부감 촬영을 할 때는 같은 높이의 상품을 모은다
○ 주제와 부제는 배치나 색으로 표현한다

잡화 사진은 무엇보다 **질감과 윤곽, 분위기 등을 파악할 수 있도록 찍는 것**이 중요합니다. 그러기 위해서는 측광으로 그림자를 만들어 입체감을 표현해야 합니다. 부감 촬영 시 여러 개의 피사체를 담는 경우에는 **가능하면 높이가 같은 상품을 모으는 것이 좋습니다**. 높은 것과 낮은 것이 뒤섞여 있으면, 초점이 맞는 부분과 맞지 않는 부분이 생길 수 있습니다. 또한 주제와 부제는 배치나 색으로 구별하는 것이 좋습니다.

haruyonakano

- 142 -

비스듬한 선으로 움직임을 만든다

상품을 나란히 놓음으로써 선을 만들어 통일감을 내면서도, 비스듬하게 찍어서 움직임을 만들었습니다. 피사체가 많으면 색도 늘어나기 때문에 **배경색은 검은색이나 흰색을 골라서 색의 수를 줄이는 것**이 좋습니다. 또한 검은색 배경은 현상 과정에서 어두운 영역을 어둡게 해 진하게 마무리함으로써 검은 배경에 상품이 붕 떠 있는 것처럼 연출했습니다.

POINT
○ 방향과 선으로 통일감을 표현한다
○ 비스듬하게 찍어서 움직임을 더한다
○ 배경의 검은색은 현상 작업을 통해 어둡게 한다

Main / Sub 주제와 부제

중앙에 놓인 초콜릿이 주제지만 그 밖에도 직선적이고 비슷한 높이를 가진 부제를 늘어놓아 일부러 주제를 숨기고 있습니다

Light 빛

사진의 왼쪽 하단에서 오른쪽 상단을 향해 사광이 비치고 있습니다. 배경이 어두워서 그림자는 눈에 띄지 않지만, 부드러운 빛이 알맞은 정도의 입체감을 표현하고 있습니다

Layout 구도

상품의 선과 공간을 나란히 배치해 통일감을 내고, 비스듬히 사진을 찍어서 움직임도 더했습니다. 피사체의 가장자리를 잘라서 화면 밖으로 펼쳐지는 느낌도 만들었습니다

RAW 사진 보정

배경으로 검은 테이블을 골랐기에 이 검은색이 거의 보이지 않을 정도로 어두운 영역을 어둡게 해, 평면적인 배경에서 상품이 돋보이게 했습니다

NG

피사체의 배치에 통일감이 없으며 여백이 여기저기 생겨나서 균형감이 없고 그다지 보기 좋지 않은 구도가 되었습니다. 피사체의 선이나 여백에 통일감을 부여하는 것이 좋습니다

- 143 -

해당 제품을 촬영할 때 핵심 포인트가 요약되어 있습니다.

유사한 상품을 촬영할 때 활용 예시(Variation)와 좋지 않은 예시(NG) 등을 소개합니다.

메인 사진을 자세히 확인할 수 있습니다.

주제와 부제, 빛, 구도, 사진 보정이라는 네 가지 측면에서 설명하였습니다.

GRAND VIN DE BORDEAUX
CHÂTEAU
ROLAND LA GARDE
2012
Prestige
Blaye Côtes de Bordeaux

CHAPTER

1

시선을 사로잡는 상품 사진이란?

촬영에 들어가기에 앞서 상품을 촬영할 때
알아두어야 할 마음가짐을 살펴봅니다.
상품의 어떤 면을 먼저 전달할지 생각하고,
인스타그램에서 인기를 끄는 사진은 어떤 사진인지 생각해보면
상품 배치 방법과 촬영 방법을 정할 수 있습니다.

SECTION

01 처음에 생각해야 할 다섯 단계

별다른 고민 없이 그저 사진을 찍어 인스타그램에 올려서는 사진의 매력이나 의도를 전달할 수 없습니다. 먼저 상품의 어떤 부분에 매력이 있고, 그것이 어떤 사람의 흥미를 끌지 생각해봐야 합니다. 또한 그 상품은 언제 사용하고, 그 상품을 사용함으로써 어떤 기분을 느낄 수 있는지 등 사용자 스토리를 상상한 후에 상품을 세팅해야 합니다. 그런 다음 배경과 앵글을 결정하고 촬영을 시작합니다.

STEP 1 상품의 매력을 생각한다

상품을 촬영할 때는 먼저 상품의 매력을 생각해야 합니다. 그 상품의 포인트가 되는 요소를 생각한 후에 포인트를 끌어내는 사진을 촬영합니다.

상품의 매력에는 두 가지 유형이 있습니다. 하나는 세련된 로고가 부착된 잡화, 들고만 있어도 기분이 좋아지는 귀여운 파우치 같은 디자인적인 매력입니다. 다른 하나는 물건이 많이 들어가는 가방, 음료수를 계속 차갑게 유지하는 컵과 같은 기능적인 매력입니다.

상품의 브랜드는 상품의 매력을 찾을 때 도움이 됩니다. 브랜드의 역사나 콘셉트, 대상 고객층을 조사하면 브랜드를 이해할 수 있습니다.

디자인적인 매력

'GINGER JAM'이라는 잼입니다. 로고 디자인이 핵심이므로 로고와 라벨 디자인이 가장 매력적으로 보이는 각도를 찾아서 촬영했습니다.

기능적인 매력

겨울에 신는 부츠입니다. 이 상품의 장점은 보온성이기 때문에 이 사진에서는 무릎에 담요를 덮어서 따뜻함을 간접적으로 표현했습니다.

STEP 2 누가 사용할 상품인지를 생각한다

다음으로 상품이 가진 매력과는 별개로 그 상품을 사용하는 사람을 떠올려보고, 그 사람이 해당 상품에서 어떤 점을 바라는지 생각해야 합니다. 예를 들어 상품을 여성이 쓰는지 남성이 쓰는지 생각해보세요. 만약 여성이라면 어떤 여성인지를 따져보고요. 누가 사는지에 따라 상품에서 부각해야 할 성격이 크게 달라집니다. 상품의 매력을 누구에게 전할지를 생각하고 촬영하는 것이 좋습니다.

젊은 여성이 타깃

컬러풀한 음료를 촬영한 사진입니다. 젊은 여성이 긴 휴가를 얻어서 방문한 리조트에서 느긋하게 휴식을 취한다는 이미지를 떠올려서 촬영했습니다.

고급 브랜드를 지향하는 여성이 타깃

고급 브랜드의 향수를 찍은 사진입니다. 고급 브랜드를 좋아하는 여성을 타깃으로 하기에, 사진에서는 비일상적인 느낌과 고급스러움을 연출했습니다.

성별과 연령을 정하지 않는다

남녀 모두에게 매력적으로 보이는 유니섹스 사진을 촬영할 때도 있습니다. 이 사진에서 스마트폰의 무늬와 꽃은 여성적인 이미지입니다. 여기에 콘트라스트를 높여 어둡게 보정해서 남성에게도 어필할 수 있는 사진으로 완성했습니다.

STEP 3 어떤 장면에서 사용하는지 생각한다

상품 사진을 찍을 때는 그 상품이 어떤 장면에서 사용되는지 생각하는 것도 중요합니다. 옷을 예로 들자면 동성 친구와 놀 때와 데이트를 할 때 각각 다른 스타일로 맞춰 입습니다. 액세서리라면 구입하는 사람 본인이 사용하는 경우뿐만 아니라, 누군가에게 선물하는 상황도 생각할 수 있습니다. 정해진 답은 없지만 나름대로 스토리를 생각하고 촬영하면 상품의 매력을 더 많이 전달할 수 있는 사진이 될 것입니다.

일하는 도중에 잠시 휴식

일하다가 목이 마를 때 잠시 휴식을 취한다는 이미지로 촬영했습니다. 부제(→26쪽)인 노트북과 안경을 배치해서 일하는 도중이라는 상황을 연출했습니다.

여행 갈 때 챙길 정도로 좋아하는 음료수

위 사진과 같은 상품이지만 이번에는 여행 가방과 함께 촬영했습니다. 여행 갈 때 챙길 정도로 좋아하는 음료수라는 이미지로 부제를 선택했습니다.

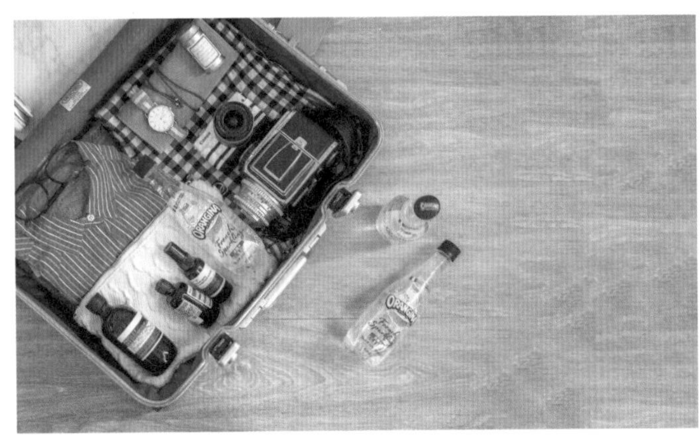

여행지에서 휴식

가게 바깥을 배경으로 모델이 상품을 손에 들고 있는 모습을 촬영했습니다. 여행지에서 휴식을 취하는 이미지를 연출했습니다. 여성의 가벼운 복장을 통해 계절감이 더욱 구체적으로 와닿습니다.

상품을 사용할 때 어떤 기분을 느낄지 생각한다

지금까지 상품의 매력, 누가 사용하는지, 어떤 장면에서 사용하는지를 생각해봤습니다. 다음으로는 그 상품을 사용하면 어떤 기분을 느끼게 될지 생각해봅시다. 예를 들어 음질이 좋은 이어폰이라면 라이브로 음악을 듣는 듯한 현장감을 느낄 수 있다거나, 태양열 충전 방식의 시계라면 따로 충전하거나 전지를 교환할 필요가 없으므로 시계가 갑자기 멈춰서 스트레스받을 일이 없다는 식입니다.

또한 상품에 따라서는 사진에서 '사실은 이런 식으로도 쓸 수 있고 이런 기분이 들 수도 있습니다'라는 의외의 용도나 효과를 제안해볼 수도 있습니다. 촬영자의 창의성을 가장 많이 발휘할 수 있는 요소이기도 합니다.

상품인 흰 원피스를 입은 모델이 맨발로 바닷가를 걷는 모습을 촬영했습니다. 수면에 반사하는 빛과 원피스의 흰색이 겹쳐져서 투명한 느낌이 더욱 강조됩니다. 이 옷을 입으면 상쾌한 기분을 느낄 수 있다는 점을 표현해봤습니다.

STEP 5 가장 적절한 매력을 선택한다

앞에서 살펴봤듯 상품의 특징은 한 가지만 있는 게 아니며, 하나의 상품에 다양한 매력이 있거나 그 상품을 사용하는 사람에 따라 달라질 수도 있습니다. 이 때문에 누가 어떤 장면에서 상품을 사용하고 그때 어떤 매력을 느끼는지는 사람마다 모두 다릅니다.

상품을 사용할 사람 중에서 타깃을 좁혀서 그 대상에게 가장 전달하고 싶은 매력을 사진에 담는 것이 중요합니다. 모든 사람이 같은 매력을 느낄 수는 없으므로, 명확하게 설정한 타깃 고객층의 마음을 건드리는 사진을 촬영해야 합니다.

타깃에 가장 적절한 매력을 선택한다

상품의 매력은?

- 뛰어난 기능 • 디자인

누가 사는가?

- 10대 후반~20대 초반의 여학생
- 20대 초반~30대 중반의 사회인
- 아내가 있는 40대 이상의 남자

어떤 장면에서 사용하는가?

- 데이트 • 가족에게 주는 선물
- 친구와 놀 때 • 사교 파티
- 여행지

어떤 기분이 들 것인가?

- 목이 촉촉해지고 상쾌한 기분이 든다
- 충전 스트레스 없이 계속 사용할 수 있다
- 사용함으로써 우월감을 느낄 수 있다

모든 요소를 생각한 후에 특정 타깃을 특별히 더 자극할 수 있는 매력을 상정하고, 사진 속에 스토리를 담아 촬영합니다.

SECTION

02 시선을 사로잡는 상품 사진이란

원래 인스타그램은 팔로워들과 사진을 통해 소통을 즐기는 공간입니다. 상품 판매를 목적으로 찍은 상품 사진은 이용자가 보기에 불필요한 정보로 여겨지며, 많은 사람들은 이런 광고성 콘텐츠를 보지 않고 스크롤해 화면을 넘깁니다. 따라서 자연스러운 사진을 찍어 올림으로써 팔로워가 자신과 관련된 사진이라고 받아들이게 만들어야 소비자의 시선이 상품 사진에 머물게 됩니다.

01 | 사람들은 공감할 수 없는 사진은 보지 않는다

'상품 사진'이라고 하면 상품 카탈로그처럼 새하얀 배경에 상품만 달랑 보여주는 사진이 떠오르지 않나요? 흰색 등 단색 배경 위에서 상품을 찍는 사진을 보통 '누끼 사진'이라고 합니다. 카탈로그에 실을 사진이라면 상품의 세부 사항을 보여주는 이런 사진이 더 적절합니다. 하지만 인스타그램은 다릅니다. 누끼 사진은 다른 이미지 사이에 어색하게 끼어 있는 느낌을 주기에 사람들이 전혀 시선을 주지 않습니다.

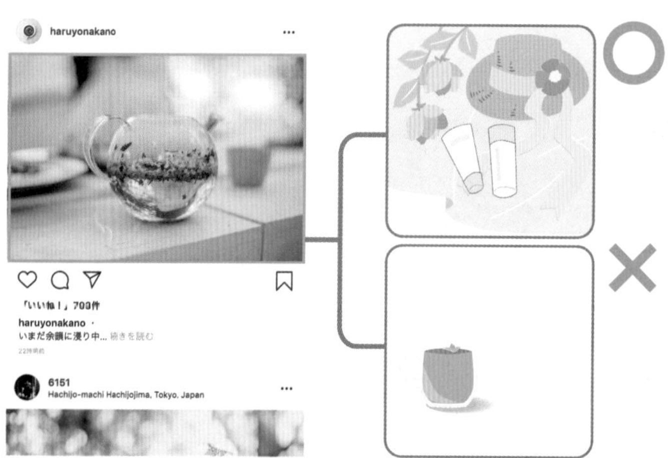

인스타그램 타임라인에는 보통 사용자가 올린 다양한 사진이 이어집니다. 이 사이에 마치 카탈로그에 나올 만한 사진이 섞이면 명백하게 광고라는 것을 알아볼 수 있으므로 다들 보지 않고 넘기게 됩니다.

사람들의 시선을 끌려면 사진 배경에 테이블을 놓아서 생활과 밀접한 관련이 있다고 느껴지게 하거나, 부제를 조합해 상품을 사용하는 장면을 떠올릴 수 있는 연출을 더해야 합니다. 즉, 사진을 본 사람이 '나도 이 상품이나 서비스를 이용해 이런 생활을 누리고 싶다'라고 공감할 수 있어야 합니다.

→

지금까지의 상품 사진

명백하게 상품을 설명하는 광고임을 알 수 있는 사진입니다. 누끼 사진이 나쁘다는 것은 아니지만, 인스타그램에서는 어울리지 않습니다.

이 책에서 찍고자 하는 상품 사진

부제와 배경이 포함된 사진으로, 사진을 본 사람이 '이 상품을 사용하면 이런 체험을 할 수 있다, 이런 기분을 느낄 수 있다'라고 상상하게 됩니다.

02 공감 사진을 통한 구매 효과

아래 사진은 어떤 기업의 상품을 인스타그래머가 촬영한 것입니다. 일반적인 상품 사진이 아니라 이 책에서 찍고자 하는 사진의 분위기로 완성되어 있습니다. 아래 그래프는 해당 기업 인스타그램 계정의 각 게시물에 대한 좋아요 수입니다. 일반적인 광고 사진과 비교해, 인스타그래머가 촬영한 사진을 올렸을 때 참여가 많이 늘어나는 것을 알 수 있습니다.

물론 방문자의 반응은 게시물의 태그나 사진을 올리는 타이밍 등에도 영향을 받지만, 자신과 관련되어 있다고 생각되는 사진이 인스타그램에서 큰 공감을 얻고 있다는 것을 알 수 있습니다.

왼쪽 사진은 인스타그래머가 촬영한 사진입니다. 아래 그래프는 일반적인 광고 게시물과 인스타그래머가 촬영한 생활 느낌이 묻어나는 사진이 실린 게시물 간의 좋아요 수 차이를 보여 줍니다.

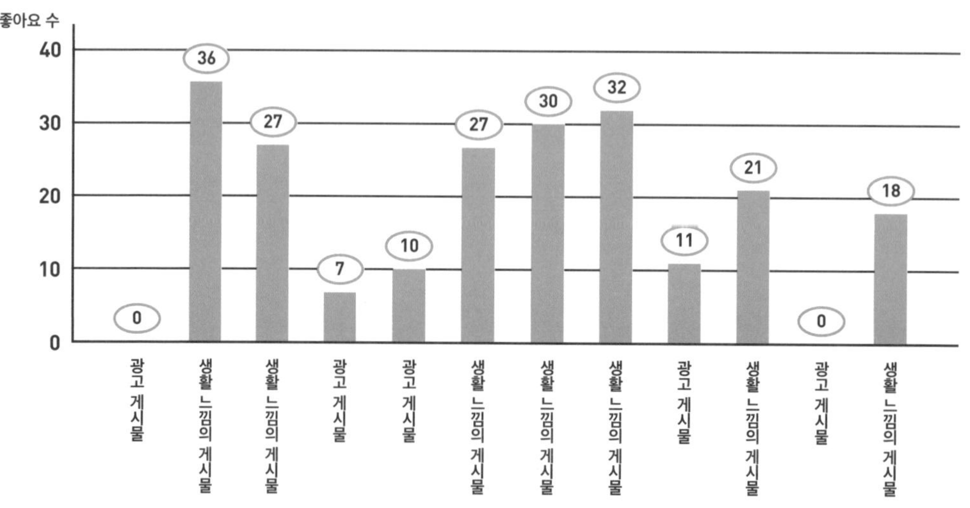

03 실제로 사용하는 이미지를 통해 공감을 얻는다

사진을 통해 공감을 얻기 가장 쉬운 방법은 실제로 사용하는 이미지를 촬영하는 것입니다. 사람들이 실제로 상품을 사용하는 장면을 보면 '내가 사용한다면…'이라고 상상할 수 있습니다.

사용하는 이미지를 보여주는 방법으로는 상품의 매력(→12쪽)과 마찬가지로, 기능적인 방법과 디자인적인 방법이 있습니다. 예를 들어 시계라면 시간을 확인한다는 본래의 기능에 더해 시계를 착용함으로써 세련되게 보이고 싶다는 패션적인 요소도 강합니다. 상품의 특징에 맞춰서 어떤 요소를 보여줄지 미리 결정하고 촬영을 시작해보세요.

기능적인 면을 보여준다

모델이 시계를 착용함으로써 실제 사용하는 이미지를 전달하는 한편, 시계의 문자판에 초점을 맞춤으로써 시계가 가진 기능적인 역할 또한 강조하고 있습니다.

디자인적인 면을 보여준다

카페에서 쉬고 있는 여성을 촬영했습니다. 컵이나 원피스를 흰색으로 통일하고 시계를 포인트 요소로 보여주고 있습니다. 패션 아이템이라는 시계의 디자인적인 측면을 부각했습니다.

04 가치관을 통해 공감을 얻는다

사진에서 공감을 얻는 또 하나의 방법은 '멋있다', '예쁘다' 등의 가치관을 표현하는 것입니다. 가치에 호소하는 사진은 사진을 본 사람이 '이런 식으로 되고 싶다', '이런 장면에 함께하고 싶다'라고 동경하는 마음을 품게 하거나 새로운 발견을 할 수 있게 합니다.

어떤 가치관을 표현하면 좋을까 고민이 될 때는 촬영하는 상품의 브랜드 이미지나 타깃으로 삼은 사람의 성별, 연령층 등을 참고하는 것이 좋습니다. 상품을 소개하고 싶은 대상이 공감할 수 있는 가치를 사진 속에 담아서 촬영합니다.

브랜드 이미지에 맞춘다

상품의 브랜드 이미지는 가치관을 파악하는 힌트가 됩니다. 어떤 타깃층에 어떤 이미지로 판매할지가 명확하면 사진에 그에 맞춘 분위기를 담을 수 있습니다. 왼쪽 사진은 시계의 색에 맞춰서 오래된 책 등을 부제로 선택했습니다. 색감을 비슷하게 맞추어서 레트로 느낌이 나면서도 세련된 브랜드 이미지에 어울리는 사진으로 완성했습니다.

색감이나 채도로 가치관을 표현한다

이 사진에서는 모노톤의 가방을 주제로 삼고, 색감이 비슷한 부제를 모아서 촬영했습니다. 모노톤의 색감을 가진 피사체를 모음으로써 '이런 아이템을 구해서 시크한 분위기의 코디네이트를 하고 싶다'라는 가치관을 제안합니다. 모노톤과는 반대로 컬러풀한 장식품을 모아서 톡톡 튀는 가치관을 연출할 수도 있습니다.

SECTION

03 주제와 부제 생각하기

부제는 공감을 얻는 사진을 찍을 때 중요한 요소입니다. 주제인 상품과는 별도로, 관련된 소품이나 사용하는 배경과 연출 등의 부제를 가미함으로써 상품을 사용할 때의 장면이나 기분을 구체적으로 상상하게 합니다. 여기에서는 부제로 삼을 수 있는 여러 패턴을 소개합니다. 주제를 명확히 하는 것이 가장 중요하지만 거기에 더해 부제를 적절하게 배치해서 사진을 꾸며보세요.

01 소품을 부제로 삼는다

먼저 주제와 관련된 소품을 부제로 배치하는 방법입니다. 요리 사진에는 그릇이나 젓가락 등의 식기를 놓고, 립스틱 사진에는 컨실러 등 해당 상품과 관련된 소품을 놓으면 실제로 상품을 사용할 때의 상황을 떠올리기 쉬워집니다.

여기서 보는 사람의 상상력을 자극하는 상황을 만들어내는 것이 중요합니다. 요리의 맛은 사진만 봐서는 알 수 없기에 식기나 테이블보 등을 보여줘서 실제로 그 요리를 먹는 듯한 상황을 느끼게 해줍니다. 립스틱이라면 다른 화장품과 함께 촬영함으로써 자신이 사용하면 어떤 느낌이 들지를 상상하게 할 수 있습니다. 이처럼 보는 사람의 상상력을 발휘하게 하는 부제를 배치하면 그 상품을 자신과 관련된 것처럼 받아들일 수 있게 됩니다.

아침 식사를 하는 도중의 디톡스 워터

아침 식사를 늘어놓은 테이블의 가운데에 디톡스 워터를 주제로 놓았습니다. 중앙의 주제에 초점을 맞춰 강조하면서도 그 주변에 부제로서 요리나 식기를 놓음으로써 사진을 보는 사람이 자신의 아침 식사 장면처럼 상상하거나, '이런 식으로 아침을 먹고 싶다'라고 생각하게 만들고자 했습니다.

02 계절이나 시간을 부제로 삼는다

계절이나 시간의 이미지를 부제로 이용하는 방법도 있습니다. 예를 들어 똑같이 커피를 찍는다고 해도, 겨울의 따뜻한 커피와 여름의 아이스 커피, 아침에 일어나서 처음으로 마시는 커피와 저녁의 휴식 시간에 마시는 커피 등 계절이나 시간대에 따라 상품을 사용하는 상황은 달라집니다. 이렇게 특정한 시간과 계절 속에 상품을 놓음으로써 상품에 현실감을 더할 수 있고, 소비자의 공감으로 이어지게 할 수 있습니다.

계절 이미지

여름이 제철인 와인

레드와인의 원재료는 포도입니다. 포도가 제철인 여름, 식물이 파릇하게 피어난 배경 속에서 촬영했습니다.

크리스마스 파티에서 마시는 와인

위와 같은 상품이지만, 분위기를 바꿔서 크리스마스 파티의 이미지로 촬영했습니다. 체크 무늬의 테이블보, 크리스마스를 연상하게 하는 트리 장식으로 계절감을 표현했습니다.

시간 이미지

상쾌한 아침의 미네랄워터

밝은 창가에서 테이블에 늘어놓은 식기 사이에 유리잔과 미네랄워터를 두고 촬영했습니다. 식기나 테이블, 오른쪽에 보이는 사람이 부제가 되어 지금부터 아침 식사를 시작할 것 같은 분위기를 연출했습니다.

밤의 바에서 한 잔

어둡고 차분한 바에서 술을 한 잔 마신다는 상황을 떠올리고 촬영했습니다. 밤의 어둠은 차분한 분위기나 고급스러움을 보여주는 데 효과적인 부제입니다.

03 인물을 부제로 삼는다

다음은 인물을 부제로 삼는 방법입니다. 액세서리나 옷 등 실제로 사람이 사용하는 장면을 담음으로써 그 상품을 사용하는 자신의 모습을 더욱 구체적으로 떠올릴 수 있습니다. 하지만 모델의 인상이 너무 강하면 곤란합니다. 얼굴은 찍지 않거나 상품에 초점을 맞춰봅시다.

또한 카페나 레스토랑 그 자체가 주제일 때는 사진에 사람이 있어야 주제가 더욱 생생하게 보입니다. 따라서 이 경우에도 사진에 인물을 넣는 것이 좋습니다. 이렇게 하면 보는 사람들은 자신이 그 공간에 있는 장면을 상상할 수 있습니다.

모자를 깊숙이 덮어쓰고 얼굴을 가린 모델을 촬영했습니다. 주제가 되는 반지에 초점이 맞춰져 있으며, 얼굴과 배경은 아웃포커싱 처리를 함으로써 시선을 반지로 유도하고 있습니다. 모델을 보여줌으로써 실제로 반지를 착용했을 때의 이미지를 떠올리게 했지만, 모델의 얼굴은 가려서 모델의 인상이 너무 강해지지 않도록 주의했습니다.

04 상품 자체에 연출을 가한다

부제가 되는 소품이나 상황을 별도로 준비하는 것이 아니라, 상품 자체에 연출을 가해 부제로 삼는 방법도 있습니다. 예를 들어 유리잔 사진을 촬영하는 경우라면 차가운 물을 담았을 때 잔에 맺히는 물방울, 뜨거운 음료를 부었을 때 나오는 김, 탄산음료의 거품 등이 부제가 됩니다. 주제 하나만 놓으면 단순해 보이는 상품이라도 간단한 연출을 통해 부제를 가미함으로써 상품을 사용하는 상황을 상상하게 할 수 있습니다.

커피를 내리는 장면을 촬영했습니다. 주제는 뜨거운 물을 붓고 있는 포트입니다. 드리퍼에서 유리잔으로 커피가 한 방울씩 떨어지고, 열과 김에 의해 유리잔에 물방울이 맺혀 있습니다. 자세히 보면 유리잔이 계량컵이라는 점도 의외성을 나타내고 있습니다.

05 의도적으로 연관성이 떨어지는 소품을 놓는다

일부러 그다지 연관되지 않은 소품을 부제로 삼는 방법도 있습니다. 14쪽에서 말한 디자인적인 매력이 강한 상품에 특히 효과가 있는 방법입니다. 상품 그 자체의 디자인성이 강하고, 단독으로 찍어도 그림이 되는 경우에는 그 상품을 장식하는 형태로 소품을 놓습니다.

연관성이 강하지 않은 부제를 배치할 때는 색으로 통일감을 주는 것도 좋은 방법입니다. 예를 들어 패키지가 파란 상품이라면, 다른 소품도 파란 색상으로 맞춥니다. 구체적으로 연관 있는 소품은 아니더라도 비슷한 색으로 갖춤으로써 통일된 주제 의식을 표현할 수 있습니다.

중앙에 있는 컵에 담긴 꽃이 주제지만, 부제로 딸기, 블루베리, 사과, 커피 원두와 스웨터 등 거의 연관되지 않은 것을 배치했습니다. 하지만 크기나 형태, 배치를 통해 중앙에 시선이 향하도록 유도하고 있습니다.

06 일부러 단독으로 찍는다

형태, 색, 로고 등 상품 자체에 디자인적인 매력이 있다면 부제를 넣지 말고 일부러 단독으로 사진을 찍는 것도 좋습니다. 다만 단독으로 찍는 경우에는 배경에 신경을 써야 합니다. 집의 벽지, 하늘, 나무 테이블 등 상품에 따라 적절한 배경이 다릅니다. 배경이 너무 튄다면 상품 자체의 디자인적인 매력이 희석될 수 있으므로 주의가 필요합니다.

부케 샌드위치를 유리잔에 넣고 모르타르 무늬의 쿠션 플로어를 배경으로 두고 촬영했습니다. 부케 샌드위치의 재료가 화려하고, 다른 부제를 놓으면 시선이 분산되기에 일부러 단독으로 두고 찍어서 부케 샌드위치의 존재감을 강조했습니다.

SECTION

04 주제와 부제의 비결 ① 색

사진에 부제를 넣을 때는 그저 화면 안에 부제를 담는 것이 전부가 아닙니다. 부제가 주제를 방해하지 않는 방식으로 넣는 것이 중요합니다. 이때 주의할 점이 많은데, 그중 하나가 바로 '색'입니다. 색의 가짓수, 채도, 색감 등 사용하는 색에 따라 사진이 주는 이미지가 크게 달라집니다. 주제와 부제에 따라 색을 제대로 분류해 최적의 균형을 찾아봅시다.

01 색의 개수는 기본적으로 세 가지 이내로 줄인다

화면 내의 색은 세 가지 이내로 줄이는 것이 기본입니다. 그 이상의 색이 화면에 들어오면 균형을 잡기가 어려워집니다. 하지만 엄격하게 세 가지 색 이내로 줄이기는 매우 어렵습니다. 상품 자체가 세 가지 이상의 색을 가지고 있다면 그것만으로도 규칙이 깨집니다. 따라서 빨간색이나 오렌지색, 핑크색 등 같은 계열 색의 그러데이션을 한 가지 색으로 묶어 생각하며 화면 속의 색을 줄여봅시다. 이런 경우에는 주제는 빨간색 계열, 부제는 녹색 계열 등 주제와 부제에 따라 색의 종류를 나눠야 합니다. 이때 흰색은 색에 포함되지 않습니다.

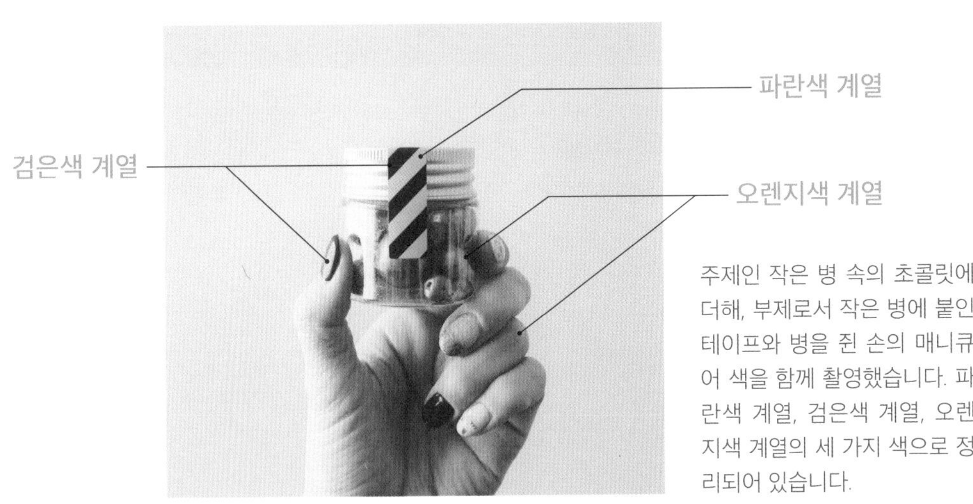

주제인 작은 병 속의 초콜릿에 더해, 부제로서 작은 병에 붙인 테이프와 병을 쥔 손의 매니큐어 색을 함께 촬영했습니다. 파란색 계열, 검은색 계열, 오렌지색 계열의 세 가지 색으로 정리되어 있습니다.

색이 세 가지 이상이 될 때는 틀을 만들어 둘러싼다

애초에 상품의 패키지에 색이 많이 포함된 경우나 세 가지 색 이상의 소재를 사용해 만든 요리 같은 경우에는 그릇이나 액자 등으로 틀을 만들어 둘러싼 후에 그 안쪽을 하나의 요소로 생각하는 것이 좋습니다. 여러 가지 색을 하나의 틀로 둘러쌈으로써 경계를 짓고, 화면 내의 균형을 잡는 것입니다. 또한 배경은 가능하면 단순한 색을 선택해 주제의 색을 죽이지 않도록 합니다.

빨간색, 녹색, 보라색 등 샐러드의 재료가 다양한 색을 지니고 있기에 이를 검은색 식기로 감쌌습니다. 부제의 요거트나 커피도 검은색 식기에 넣어서 통일감을 주었습니다.

02 주제와 부제의 색 조합을 생각한다

색을 세 가지 이내로 줄이는 한편, 주제와 부제의 색을 어떻게 조합할지를 생각해야 합니다. 적절한 색 조합을 찾으려면 색상환을 참고하세요. 색에는 가까운 색상과 먼 색상이 있으며, 그 조합에 따라 화면의 인상이 달라집니다. 색상환에서는 가까운 색상의 색이 옆에 배치되며, 가장 먼 색상은 대각선상에 배치됩니다. 주제와 부제를 가까운 색상으로 고르거나, 반대로 주제와 부제를 먼 색상으로 고르는 등 다양한 조합을 시험해봅시다.

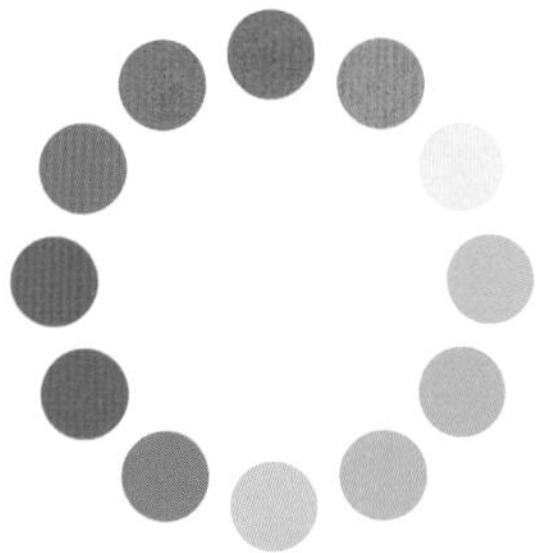

색상환

색상을 둥근 형태로 배치한 것을 색상환이라고 합니다. 비슷한 색일수록 가까운 곳에 배치되며, 거리가 먼 색은 대각선상의 위치에 배치됩니다. 색상환에서 대각선에 있는 색을 보색이라고 하며, 같은 화면 안에 놓으면 서로의 색을 돋보이게 합니다.

빨간 딸기에 녹색 배경

딸기 그 자체가 빨간색 과육과 녹색 잎이 보색 관계를 이루며, 배경에도 약간의 녹색이 있어 딸기의 빨간색이 돋보이게 되었습니다. 모델의 복장도 일부러 화려한 색을 피했습니다.

03 채도를 높여서 선명한 사진으로 완성한다

색에서 선명함을 나타내는 정도를 채도라고 합니다. 채도가 높은, 즉 선명한 사진은 대상을 생생해 보이게 하고 건강한 인상을 줍니다. 만약 요리 사진이라면 채도가 높은 사진 쪽이 더 맛있어 보입니다. 다만 채도가 너무 높으면 색 안의 그러데이션이 없어지는 색포화라는 현상이 발생합니다. 이 경우 물감을 떡칠한 것 같은 표현이 되며 입체감이 없어지므로 주의가 필요합니다.

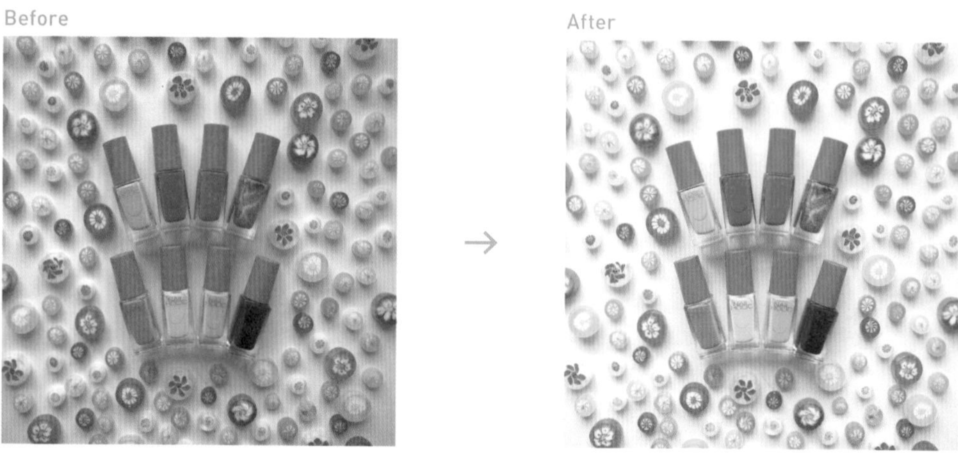

왼쪽 사진은 채도를 높이기 전의 사진이고, 오른쪽은 채도를 높인 후의 사진입니다. 컬러풀한 피사체가 더욱 선명하고 화려해졌습니다. 채도를 높이면 이미지가 또렷해지며, 결과적으로 활발하고 건강한 인상을 만들 수 있습니다.

04 채도를 낮춰서 차분한 인상으로 완성한다

반대로 채도를 낮추면 사진의 색조가 옅어집니다. 옅은 색조의 사진은 차분하고 조용한 인상을 줍니다. 어른스러운 분위기로 상품을 보여주려면 채도를 낮추는 것이 좋습니다.

디지털카메라는 기본적으로 색감이 선명하게 설정된 경우가 많기에 설정을 변경하지 않고 촬영하면 기본적으로 채도가 높은 사진이 찍힙니다. 채도를 낮추고자 할 때는 카메라의 설정에서 '채도' 수치를 낮추거나 RAW 현상을 통해 채도를 낮춰야 합니다. 한편, 채도를 0으로 하면 흑백 사진이 됩니다.

Before

→

After

왼쪽 사진은 채도를 낮추기 전의 사진이고, 오른쪽은 채도를 낮춘 후의 사진입니다. 눈여겨보지 않으면 알아차리기 어려운 수준의 차이지만, 살짝 옅은 인상을 부여함으로써 차분한 이미지가 되었습니다. 인간의 눈은 이런 사소한 차이도 민감하게 알아차리기 때문에 사진의 채도는 신중하게 조절해야 합니다.

05 색감을 입혀 분위기를 연출한다

사진에 파란색이나 빨간색 등의 색감을 입혀서 전체적인 이미지를 변화시키는 방법도 있습니다. 색감에 따라 사진 전체의 인상이 달라지며, 파랗다면 차가운 인상, 빨갛다면 따뜻한 인상을 만들 수 있습니다. 또한 빛의 색과 관련해 파란색으로는 아침, 빨간색으로는 저녁의 이미지를 만들 수 있습니다.

다만 너무 과도하게 색을 입히면 사진 전체가 부자연스러워지거나 상품의 본래 색과 달라질 수 있습니다. 상품 사진에서는 피사체와 실제 이미지가 너무 달라져서는 안 됩니다. 색을 입힐 때는 어디까지나 이미지를 연출하는 정도로 그쳐야 합니다. 실제 상품과 화면의 색을 비교하며 조정하는 것도 좋습니다.

파란색으로 아침 이미지를 연출

아침에 해가 뜰 때는 검은 하늘이 밝아지면서 파란 하늘로 바뀌고, 그 후에 태양이 떠오릅니다. 그런 연상에 따라 파란색으로는 아침의 이미지를 만들 수 있습니다. 또한 차갑거나 냉정하다는 이미지도 있습니다.

빨간색으로 저녁 이미지를 연출

날이 저물 때는 하늘이 빨간 석양으로 물든 다음에 어두워집니다. 그런 연상에 따라 빨간색이나 오렌지색으로는 저녁의 이미지를 만들 수 있습니다. 또한 따뜻하거나 정열적이라는 이미지도 있습니다.

〈 색을 만드는 것은 화이트 밸런스 〉

이미지 전체의 색감을 바꾸려면 화이트 밸런스라는 기능을 사용합니다. 사진의 광원(빛)에 맞게 흰 부분의 색상을 기준으로 색의 균형을 조절하는 것을 화이트 밸런스라고 합니다. '자동(오토)', '자연광(태양광)', '흐린날(구름)' 등의 모드를 선택함으로써 사진에 색감을 더할 수 있습니다. 자세한 방법은 78쪽에서 설명했습니다.

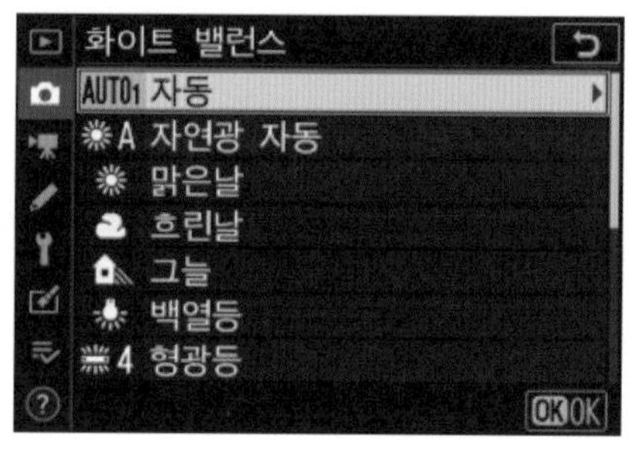

SECTION 05

주제와 부제의 비결 ② 구도

부제를 넣을 때는 구도에도 신경 써야 합니다. 사진을 찍을 때는 구도의 패턴은 물론이고, 카메라의 위치나 앵글도 의식해야 합니다. 하지만 이런 규칙에 너무 얽매여서 자유로운 발상을 하지 못하면 주객전도가 됩니다. 우선 감각적으로 늘어놓아 보되, 그다지 확 와닿지 않을 때 이런 기본 구도를 참고하는 정도가 좋습니다.

01 구도의 기본을 안다

상품 촬영뿐 아니라 일반적으로 사진에는 구도의 패턴이 있습니다. 우선 주제를 어떤 식으로 보여주고 싶은지 생각하고 그 이미지에 맞는 패턴을 시도해봅시다. 여기에서는 대표적인 여섯 가지 구도 패턴을 소개합니다. 피사체를 어떻게 배치하면 좋을지 고민될 때 참고해보세요.

중앙 구도

피사체를 사진 중앙에 놓는 구도입니다. 가장 단순한 구도이며 피사체를 강조할 때 사용합니다.

3분할 구도

화면을 3분할하는 선을 가로세로로 긋고, 그 교차점에 피사체를 놓는 구도입니다. 화면의 균형을 잡기 좋고, 대부분의 피사체에 적용할 수 있습니다.

방사상 구도

화면 중앙에 소실점을 하나 두고, 다른 피사체가 그쪽으로 향해 가는 것처럼 보이게 하는 구도입니다. 시선을 일정한 방향으로 유도하고 깊이감도 표현할 수 있습니다.

대각선 구도

화면을 사선으로 2분할하는 구도입니다. 피사체를 사선으로 배치함으로써 사진 속에 움직임을 만들어낼 수 있습니다.

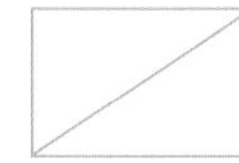

2분할 구도

화면을 세로나 가로로 2분할하는 구도입니다. 화면 안에 경계선이 명확해지므로 깊이나 색 등이 명확히 구별될 때 효과적입니다.

터널 구도

피사체를 틀로 가정하고 그 안에 주제가 되는 피사체를 넣는 구도입니다. 액자 안에 그림을 넣은 것처럼 보여서 액자형 구도라고도 불립니다.

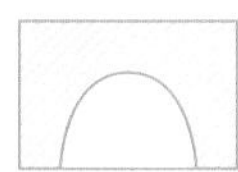

02 앵글을 의식하며 촬영한다

카메라가 피사체로 향하는 각도를 앵글이라고 합니다. 앵글은 부감, 하이 앵글, 로우 앵글, 수평 앵글 네 가지가 있습니다. 같은 피사체라고 하더라도 어떤 방향으로 촬영하는지에 따라 피사체가 비치는 부분이나 보이는 모습이 다르며, 이에 따라 사진의 인상도 달라집니다. 상품의 매력이 어디에 있고 어떤 각도에서 찍는 것이 그 매력을 최대한 전달할 수 있는지 생각해 앵글을 결정합시다.

부감

카메라를 수직으로 들고 아래로 똑바로 향한 채 촬영하는 앵글입니다. 테이블 포토에서 자주 사용합니다. 평면적인 사진이 되므로 많은 피사체를 늘어놓고 촬영할 때 좋습니다.

하이 앵글

카메라를 높은 위치에서 아래쪽으로 향해 내려다보는 앵글입니다. 객관적인 정보를 담을 수 있으며 상황 파악을 하기 쉬운 앵글로 여겨집니다.

로우 앵글

카메라를 위로 향해 올려다보듯 촬영하는 앵글입니다. 배경이 많이 비치게 되므로 넓게 퍼져가는 모습을 촬영하기 좋습니다.

수평 앵글

카메라를 기울이지 않고 수평으로 촬영하는 앵글입니다. 피사체를 정면에서 찍을 수 있어서 피사체와 같은 시선으로 세상을 잘라낸 것 같은 인상을 줄 수 있습니다.

03 포지션을 의식해 촬영한다

카메라를 가져다 대는 높이를 포지션이라고 합니다. 포지션은 하이 포지션, 아이 레벨, 로우 포지션이 있습니다. 카메라는 기본적으로 파인더를 들여다보고 촬영하기 때문에, 눈의 높이를 기준으로 높은지 낮은지를 정합니다.

포지션은 앞에서 말한 앵글과는 다른 개념입니다. '하이 포지션에서 하이 앵글로 찍는다' 혹은 '로우 포지션에서 로우 앵글로 찍는다' 등 카메라를 가져다 대는 높이와 각도를 하나의 세트로 생각하는 것이 좋습니다.

하이 포지션

시선보다 높은 위치에서 찍는 포지션입니다. 경우에 따라서는 발판에 올라가서 찍기도 합니다. 깊이감이 있는 사진이 되므로 은은한 매력을 주는 인상을 줍니다.

아이 레벨

시선 높이 부근에서 찍는 포지션입니다. 눈에 익숙한 높이의 사진이므로 자연스러운 인상을 줍니다.

로우 포지션

시선보다 낮은 위치에서 찍는 포지션입니다. 눈에 익숙하지 않은 풍경이 보이게 되므로 새로운 발견을 할 것 같은 인상을 줍니다.

SECTION 06

주제와 부제의 비결 ③ 배치

풍경 같은 자연 피사체와 달리 상품 사진은 주제와 부제를 어디에 배치할지 스스로 결정할 수 있습니다. 따라서 피사체의 배치 방법을 연구하면 화면 안에서 시선의 흐름이나 움직임을 만들 수 있습니다. 예를 들어 삼각형이나 사각형처럼 구체적인 성격이 없는 형태를 띤 물건을 나란히 놓거나, 형태가 같은 피사체를 여럿 배치해 화면 안에 규칙성을 만들어서 세련되거나 예쁘다는 인상을 줄 수 있습니다.

틀을 만든다

이 사진에서는 직사각형 노트와 상자, 가는 펜과 시계 등 직선적인 피사체를 사각형 틀 안에 가두려고 의식했습니다❶. 틀 안에서는 피사체 사이의 틈을 균등하게 하거나❷, 피사체 사이의 선을 정리하는 방식으로❸, 어수선한 가운데서도 통일감을 구현하고 있습니다.

틀로 감싼다

피사체를 틀로 감싸는 방법입니다. 그릇에 요리를 담아서 부감으로 촬영하거나, 테이블 끝에 피사체를 놓고 테이블과 바닥의 경계를 보여주는 방식이 '감싸는' 표현입니다. 틀 안에 주제를 담아서 주제와 부제의 차이를 명확하게 구별할 수 있습니다.

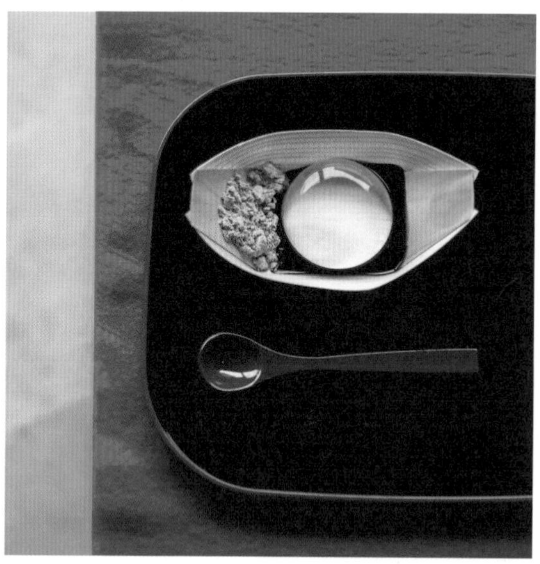
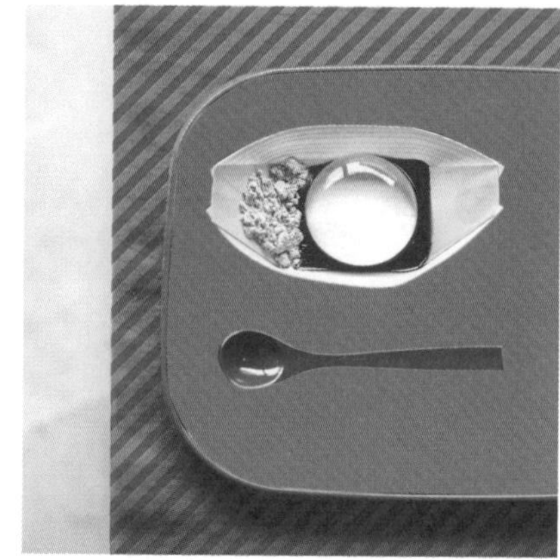

어수선하게 놓는다

주제와 부제를 일부러 어수선하게 배치하는 방법입니다. 규칙성이 없는 배치는 상품이 일상생활 속에 들어와 있는 듯한 인상을 연출할 수 있습니다. 이 경우, 색이나 톤을 비슷하게 함으로써 어수선한 가운데서도 통일감을 주는 것이 좋습니다. 이 사진에서는 흰색과 검은색의 피사체를 모아 모노톤의 분위기를 표현했습니다.

겹친다

피사체끼리 겹친다

피사체 위에 피사체를 겹치는 방법입니다. 바닥, 테이블, 천, 접시, 요리처럼 계층을 만들면서도 초점을 맞추는 위치에 따라 가장 위에 있는 피사체가 주제라는 점을 보여줄 수 있습니다.

깊이를 겹친다

피사체를 옆에서 찍음으로써 바로 앞의 피사체에서 안쪽 배경까지 입체적인 계층을 만드는 방법입니다. 주제를 어디에 놓는지는 상황에 따라 다르지만, 색이나 초점, 형태 등으로 주제가 무엇인지를 명확히 보여줄 필요가 있습니다.

형태를 일치시킨다

원, 삼각형, 사각형 등 주제와 부제의 형태를 일치시켜 배치하는 방법입니다. 형태가 비슷하기에 어느 정도 어수선하게 늘어놓아도 통일감이 있는 것처럼 보입니다. 비슷한 형태로 배치한 후에 크기를 각기 다르게 하는 등의 방법을 통해 통일감이 있으면서도 움직임을 만들 수 있습니다.

방향을 일치시킨다

직사각형이나 타원 등의 피사체는 방향을 일치시킴으로써 화면에 흐름이나 움직임을 만들 수 있습니다. 피사체가 같은 방향으로 정렬되면 정리된 인상을 줄 수 있는 반면, 생동감이 그다지 느껴지지 않기 때문에 주의해서 사용해야 합니다.

〈 부제를 잘라낸다 〉

모든 피사체를 화면 안에 담으면 화면 밖의 모습을 상상하기 어려운 사진이 됩니다. 이때 부제를 화면에서 벗어나도록 살짝 잘라보세요. 화면 바깥에도 피사체가 퍼져나가는 것처럼 보일 수 있으며, 사진을 본 사람이 상상할 수 있게끔 여지를 남길 수 있습니다.

SECTION

07 주제와 부제의 비결 ④ 상황

촬영을 하는 장소나 상황을 부제로 이용하는 방법도 있습니다. 예를 들어 책상 위에 컴퓨터를 놓아서 일을 할 때 주제 상품을 사용한다는 스토리를 상상하게 하거나, 식기나 음식을 창가에 놓아서 밝은 실내의 행복한 분위기를 연상시킬 수 있습니다. 이처럼 부제가 되는 상황 속에 주제 상품을 놓으면 보는 사람의 상상력을 불러일으킬 수 있습니다.

01 실내에 배치해 일상적인 느낌이 나게 한다

주제 상품을 실내에 배치해 촬영하면, 일상생활 속에서 그 상품을 사용하는 장면을 떠올리게 할 수 있습니다. 마치 자신이 그 방 안에서 생활하고 있는 것 같은 느낌을 주기에 더욱 큰 공감을 얻어낼 수 있습니다. 이때 실내의 상황을 알 수 있도록 깊이감이 느껴지는 배경을 선택해야 합니다.

벽을 배경으로 두고 상품을 찍어서 그저 벽의 색 정도만 알 수 있는 사진도 나쁘지는 않습니다. 하지만 어느 정도 실내의 상황을 보여주면 생활의 느낌이나 생생함이 상품 사진의 포인트가 됩니다. 한편 배경이 너무 지저분해서 오히려 시선을 빼앗는 것도 좋지 않습니다. 배경에 놓는 물건에 주의를 기울입시다.

부제로 생활의 느낌을 드러내고 배경을 보여준다

방 안에서 즐기는 아침 식사를 촬영했습니다. 여러 음식을 그릇 하나에 담아 주제로 삼았습니다. 부제로는 포크와 커피잔을 배치해 생활하는 느낌을 표현했고, 배경도 살짝 보이는 정도로 구도를 조정해 방의 상황을 알 수 있도록 했습니다.

창가에 둔다

실내에 상품을 놓고 촬영할 때는 상품을 창가 근처에 놓는 것이 좋습니다. 이 책에서는 상품 사진을 대부분 자연광으로 촬영했습니다. 자연광으로 촬영하면 빛의 방향이 하나가 되며 보기 좋은 입체감을 연출할 수 있습니다. 자세한 것은 CHAPTER 2에서 설명합니다.

02 상품을 배치할 장소를 고민해본다

똑같이 실내에 상품을 놓더라도 나무 테이블에 놓는 경우와 카페트 위에 놓는 경우, 보는 사람이 받는 인상이 크게 달라집니다. 또한 바닥과 테이블, 런천매트 등을 사용해 '겹치는' 테크닉(→47쪽)을 응용하면 주제와 부제를 명확히 구분할 수 있습니다.

나무 테이블 위

나무 소재는 따뜻하고 부드러운 인상을 줍니다. 반면 테이블 위에 올린 상품의 색이 다소 칙칙하게 보일 수 있으므로 주의가 필요합니다.

검은 테이블 위

검은색은 화면 전체를 다잡는 효과가 있으며 세련된 인상을 부여할 수 있습니다. 요리 외에도 컴퓨터나 카메라 등의 기계류와 조합하기도 좋습니다. 하지만 존재감이 강한 색이므로 오염이나 더러움이 눈에 띄기 쉽습니다. RAW 현상을 통해 지저분한 부분을 없애고 전체의 색을 통일해 검은색 부분이 시선을 빼앗지 않도록 합시다.

벽에 건다

부감으로 촬영하기 어려운 경우 벽에 거는 방법도 있습니다. 아무것도 없는 벽에 상품을 걸고 정면에서 찍으면 마치 테이블에 놓아둔 것으로도 보입니다. 요리라면 이런 방법을 쓸 수 없지만, 빛이 들어오는 방식이나 그림자가 지는 방향 등이 부감과는 다르기에 신비로운 분위기를 연출할 수 있습니다.

03 야외에 배치해 개방적인 느낌이 나게 한다

상품의 종류에 따라 다르지만, 야외를 상황으로 설정함으로써 특별한 이벤트를 연상하게 해 비일상적인 느낌을 줄 수 있습니다. 보통 실내에서 사용하는 상품을 야외에 배치해 촬영하면 특히 효과적입니다. 예를 들어 일반적으로는 실내에서 먹는 요리를 정원의 테이블 위에 펼치거나 정원의 녹색을 배경으로 화장품을 찍는 등 현실과의 괴리를 이용해 개방감과 의외성을 연출할 수 있습니다.

야외에 요리를 배치한다

이 사진에서는 녹색 정원을 배경으로 흰색 계열의 테이블보와 식기를 배치해 상쾌한 이미지로 촬영했습니다. 주제는 중앙의 'G'가 적힌 진저 잼입니다.

04 사용하는 장면을 연출한다

29쪽에서 말한 것처럼 사진에 부제로 인물이 있으면 상품을 실제로 사용하는 장면을 보여줄 수 있습니다. 상황을 표현하고자 부제로 인물을 넣는 패턴은 '모델을 넣는다', '사람에게 상품을 들게 한다', '스스로 상품을 든다'의 세 가지로 나눌 수 있습니다. 이 세 가지를 상품에 따라 구별해 사용합시다.

모델을 넣는다

액세서리나 양복 같은 패션 관련 상품이나, 의자나 테이블 같은 인테리어 관련 상품을 찍을 때 효과적인 방법입니다. 상품을 실제로 사용하는 이미지를 연상하게 할 수 있습니다. 다만 모델의 용모나 복장에 시선을 너무 많이 빼앗기지 않도록 주의해야 합니다. 얼굴은 보이지 않는 것이 좋으며, 성별이나 체형, 나이를 한정할 수 있는 복장은 피하는 것이 좋습니다.

사람에게 상품을 들게 한다

요리 등에 유용한 방법입니다. 촬영자 외의 인물이 등장함으로써 생동감과 현장감을 부여할 수 있습니다. 들고 있는 사람을 이동시켜서 빛이나 배경의 조건이 좋은 장소를 고를 수 있는 장점도 있습니다.

스스로 상품을 든다

상품을 자신의 손으로 들고 직접 촬영하는 방법입니다. 비교적 어떤 피사체에도 적용할 수 있지만, 한 손으로 드는 데 불편하지 않은 상품이어야 합니다. 또한 어떤 식으로 상품을 드는지에 따라서도 이미지가 크게 달라지므로, 들었을 때 손이 예쁘게 보이는 방법을 찾아봅시다. 여성의 경우에는 상품의 색에 맞는 매니큐어를 바르면 작품의 완성도가 더욱 올라갑니다.

SECTION

08 주제와 부제의 비결 ⑤ 보이기/숨기기

지금까지 설명한 부제를 배치하고 만드는 법은 어디까지나 주제를 돋보이게 하기 위한 것이었습니다. 주제를 제대로 '보여줌'으로써 사진의 목적을 명확하게 할 수 있습니다. 반면 주제를 '숨김'으로써 사진 전체를 자연스러운 분위기로 만들 수도 있습니다. 사실 일상생활에서는 주제만 돋보이는 상황이 별로 없으므로 주제를 숨겨야 더욱 인스타그램과 어울리는 사진이 될 때도 있습니다.

01 주제를 '보이기'

주제에 부제를 더함으로써 공감을 얻는 것은 중요합니다. 하지만 부제에 신경 쓰다가 사진에서 본래 전달하려던 메시지를 가리면 곤란합니다. 이때 자주 하는 실수는 부제를 너무 많이 배치해 주제가 무엇인지 알 수 없게 되는 것입니다. 일부러 연출하는 경우라면 상관없지만, 의도하지 않았는데 그런 결과가 나와서는 안 됩니다. 주제를 가장 잘 전달하는 방법이 무엇인지, 사진에 담고 싶은 메시지는 무엇인지를 생각하고 부제를 배치합시다.

상자에 담은 쿠키를 촬영했습니다. 어떤 재료로 만든 것인지를 보여주는 부제를 화면 왼쪽에 담아서 분위기를 내는 한편, 주제가 쿠키라는 점은 명확히 표현했습니다.

NG

부제를 너무 많이 놓았다

맨 앞에 있는 플레이트를 주제로 삼을 의도였지만, 주변에 부제를 너무 많이 배치해 무엇을 보여주고 싶은지 알 수 없게 되었습니다. 배경의 의자와 책장도 어수선한 인상을 주고 있습니다.

NG

주제와 부제의 색이 같다

바로 앞의 스크램블드에그가 담긴 플레이트가 주제지만, 배경과 베이컨 및 소시지의 색이 동일해 눈에 띄지 않게 되었습니다. 게다가 초점도 너무 얕아서 주제가 아웃포커싱된 상태로, 이 사진의 어디를 보면 좋을지 알 수 없게 되었습니다.

02 주제를 '숨기기'

원칙적으로는 주제가 눈에 띄도록 부제를 배치하는 것이 맞지만, 일부러 주제가 무엇인지 알 수 없도록 배치할 수도 있습니다. 상품 사진이라기보다는 일상의 한 장면을 보여주는 사진처럼 만들어서 생활하는 환경 안에서 그 상품이 어떤 식으로 어울리는지를 보여주는 것입니다. 다만 그저 어수선하게 늘어놓기만 해서는 메시지를 전달할 수 없습니다. 어수선한 가운데서도 색이나 톤, 형태나 배치 등 어떤 요소에는 통일감을 만드는 것이 중요합니다.

노트북이나 스마트폰, 중판 카메라 등 다수의 피사체를 담아서 일부러 노트북이 주제라는 점을 숨긴 사진입니다. 하지만 검은 테이블에 검은 카메라를 놓고 노트북과 스마트폰의 커버 무늬를 똑같이 해 사진 속에 통일감을 부여했습니다.

〈 배경을 새로 만들 수도 있다 〉

촬영 현장의 상황에 따라서는 어떻게 하더라도 배경에 불필요한 것이 비치게 될 때도 있습니다. 그럴 때는 흰 판을 세우는 등의 방법으로 배경을 만들어도 좋습니다. 추천하는 것은 쿠션 플로어입니다. 타일 무늬, 나무 무늬, 모르타르 무늬 등 다양한 디자인이 있습니다. 쿠션 플로어를 벽에 붙이거나 세워서 배경을 만들어봅시다.

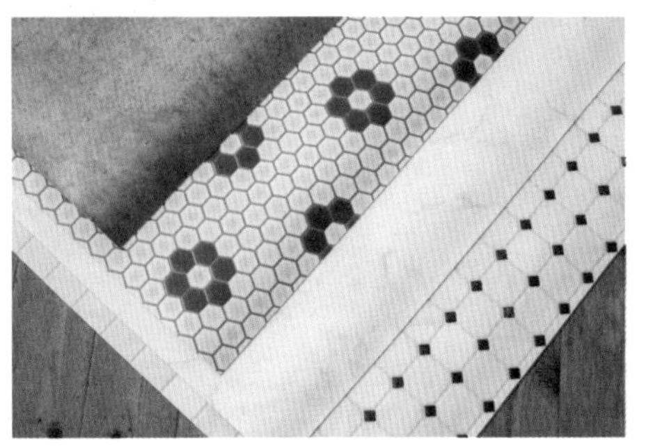

COLUMN 완성도를 끌어올리는 아이템

부제는 사진의 분위기에 큰 영향을 미치며, 사진의 분위기를 만든다고 해도 지나치지 않습니다. 아무리 세련된 주제가 있어도 부제로 사용하는 아이템이 분위기를 망가뜨려서는 곤란합니다. 부제를 고를 때는 부제를 따로 찍어도 주제로서 성립할 만큼 세련된 아이템을 찾는 것이 좋습니다. 부제로 이용하기 편리한 아이템의 예시를 살펴보겠습니다.

01 주제를 돋보이게 하는 아이템

부제는 주제를 돋보이게 하는 효과를 지니면서도 부제 그 자체의 존재감을 가져야 합니다. 너무 눈에 띄지 않고 너무 약하지도 않은 균형이 중요합니다. 부제는 따로 두고 찍어도 세련되게 보이는지를 기준으로 골라볼 수 있습니다. 그중에는 단순한 디자인의 상품이 많으며, 이런 상품들을 부제로 고르면 고급스럽고 세련된 인상을 줄 수 있습니다. 예를 들어 고급스러운 만년필이나 샤프펜슬 등의 문구, 나이프나 포크 등의 커틀러리(식기 세트)가 있습니다. 이들은 직접 관련이 없는 상품과 조합하더라도 부제로서 어울리는 아이템입니다.

접시 등의 둥근 잡화

식기는 비교적 어떤 피사체와도 조합하기 편한 부제입니다. 요리뿐만 아니라 작은 잡화를 그릇 위에 올려도 부제로 어울립니다.

노트 등 직사각형 잡화

노트나 수첩 등은 직선적인 모양이므로 화면 속에 깔끔하게 담기 좋은 부제입니다. 표지 디자인도 눈여겨보고 골라봅시다.

나이프, 포크 등 가늘고 긴 잡화

만년필이나 샤프펜슬 같은 필기 용구, 나이프나 포크 같은 식기류의 가늘고 긴 잡화도 선을 만들기 쉬워서 애용되는 부제입니다.

02 틈을 채우는 아이템

부제에 의미를 부여하고 싶지는 않지만, 화면이 너무 허전해 보여서 부제가 필요한 경우가 있습니다. 이럴 때는 화면의 틈을 채우기 위한 아이템을 부제로 사용해봅시다. 예를 들어 유칼립투스 잎은 잎의 녹색이 주제를 방해하지 않고 화면을 장식해 줍니다. 시든 후에도 일정 기간 색을 유지해서 카페나 레스토랑에서도 사용됩니다. 또 하나는 파티용품 가게에서 판매하는 별 모양 장식입니다. 화면의 틈에 놓아두면 사진의 텅 빈 느낌을 줄일 수 있습니다.

유칼립투스 잎

꽃집에서 쉽게 구할 수 있는 부제입니다. 시든 후에도 드라이플라워로 활용할 수 있습니다.

별 모양 장식

크리스마스트리나 핼러윈 장식에 사용되는 장식입니다. 파티용품 가게 등에서 구입할 수 있습니다.

03 배경을 만드는 아이템

배경은 분위기를 만드는 데 있어 중요한 부제입니다. 상품 촬영에서는 다양한 아이템을 이용해 배경을 만들 수 있습니다. 예를 들어 57쪽에서 설명한 쿠션 플로어는 벽에 세워서 배경으로 만들 수 있습니다. 그 밖에도 부감으로 촬영할 때는 테이블보로 분위기를 바꾸거나, 수평 앵글로 촬영할 때는 일루미네이션 라이트를 먼 곳에 배치하여 둥근 빛 망울을 만들 수도 있습니다.

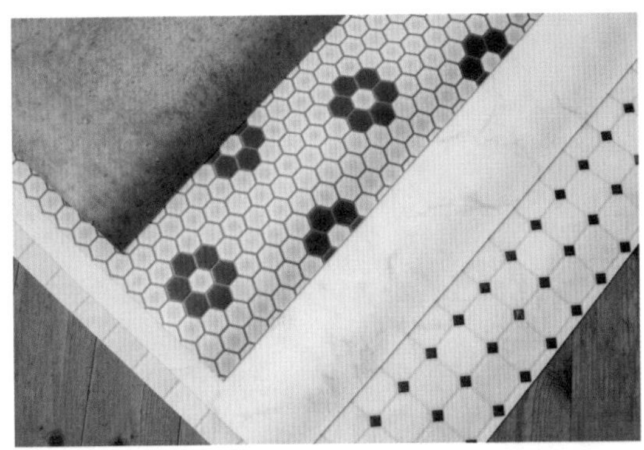

쿠션 플로어

방 안이 어수선한 경우와 같이 배경이 이미지에 어울리지 않을 때는 쿠션 플로어로 배경을 만들 수 있습니다. 다만 어느 정도 이상의 크기가 필요합니다.

테이블보

부감으로 촬영할 때는 테이블보 등 피사체 밑에 두는 물건에 따라 이미지를 바꿀 수 있습니다.

일루미네이션 라이트

주로 크리스마스트리에 감을 때 쓰는 조명입니다. 주제인 피사체로부터 멀리 떨어뜨려 놓음으로써 빛 망울을 만들어 사진을 꾸밀 수 있습니다.

CHAPTER

2

상품 사진 촬영을 위한 기본기 다지기

CHAPTER 2에서는 상품을 촬영하기 위한 장비 사용법과
빛에 대한 기본적인 지식을 설명합니다.
CHAPTER 1에서 어떤 사진을 찍어야 하는지 머릿속에 떠올린 후에
CHAPTER 2에서 장비 조작 방법을 배워서
떠올린 사진을 구현할 수 있습니다.
스마트폰을 이용한 촬영도 다루고 있으므로 자신에게 맞는 장비를 찾아봅시다.

SECTION

01 상품 촬영에서 갖춰야 할 기본 장비와 올바른 사용법

상품 사진을 찍을 때 기본적으로 필요한 것은 카메라와 렌즈입니다. 그 밖에도 갖춰두면 편리한 장비가 있으므로 그것들을 활용해서 사진을 완성해봅시다. 또한 촬영 전에 렌즈를 교환하는 법 및 카메라의 촬영 설정을 조작하는 법을 익혀둡시다. 촬영 시에 당황하지 않도록 연습해두는 것이 좋습니다.

01 갖추면 좋은 장비

상품 사진을 찍는다고 하면 고가의 스트로보 등 복잡한 세팅이 필요하다고 생각할지도 모릅니다. 하지만 이 책에서 소개하는 사진은 기본적으로 모두 자연광으로 촬영했으며 고가의 장비나 어려운 지식이 필요하지 않습니다. 카메라만 하나 있으면 사진을 촬영할 수 있습니다. 또한 최근에는 스마트폰 카메라도 성능이 좋아졌기 때문에 카메라가 없다면 스마트폰 카메라를 대신 사용할 수도 있습니다. 카메라를 고정하는 삼각대가 있으면 사진의 완성도를 높일 수 있으며 촬영 후에는 컴퓨터와 RAW 현상 소프트웨어로 사진의 밝기나 색감을 조절할 수 있습니다.

필요

필요

카메라와 렌즈

기본적으로 필요한 장비입니다. 미러리스 카메라든 DSLR 카메라든 상관없습니다. 렌즈는 35mm~70mm 정도의 '중망원'이라고 하는 렌즈가 좋습니다.

컴퓨터와 RAW 현상 소프트웨어

촬영한 사진을 RAW 현상 소프트웨어를 통해 밝기나 색, 트리밍 및 각도 보정을 해서 더욱 완성도를 높일 수 있습니다.

스마트폰

카메라를 준비할 수 없는 경우에는 스마트폰 카메라를 대신 사용할 수 있습니다. 다만 렌즈 교환을 할 수 없기에 일부 기종을 제외하고는 화각을 바꿀 수 없다는 단점이 있습니다.

삼각대

이 책에 나온 사진을 찍을 때는 거의 사용하지 않았지만, 삼각대가 있으면 편리하게 촬영할 수 있습니다. 카메라의 위치를 정확하게 고정해 흔들림을 방지합니다.

02 카메라 준비와 사용법

렌즈 교환식 카메라를 사용할 때는 렌즈의 탈착, 촬영 방법, 촬영 후의 이미지 확인 등 기본적인 조작법을 익혀야 합니다. 특히 렌즈를 제대로 교환하지 못하면 센서에 먼지가 들어가 사진에 비치거나, 최악의 경우에는 고장이 날 수도 있습니다. 올바른 순서를 거쳐서 카메라에 렌즈를 끼워야 합니다.

렌즈 탈착

표시에 맞춰 렌즈를 넣는다

카메라의 전원은 반드시 끈 후에 카메라의 마운트 부위와 렌즈의 부착 부위의 표시를 맞춘 후❶, 카메라에 렌즈를 부착합니다.

렌즈를 돌린다

안쪽까지 밀어 넣었다면 '딸깍' 소리가 날 때까지 렌즈를 돌립니다❷. 돌리는 방향은 기종에 따라 다르므로 자신이 가진 기종의 매뉴얼을 확인합시다.

렌즈를 제거한다

렌즈를 제거할 때는 렌즈 제거 버튼을 누르면서❸, 부착할 때와는 반대 방향으로 렌즈를 돌립니다❹. 제거할 때도 카메라의 전원은 반드시 꺼주세요.

촬영한다

촬영 모드를 설정한다

카메라의 윗부분에 촬영 모드를 설정하는 다이얼이 있습니다❶. 다이얼이 없는 카메라를 사용한다면 화면에서 메뉴 조작을 통해 설정합니다.

각 설정값을 바꾼다

촬영 모드를 설정했다면 다이얼을 돌려서 조리개나 셔터 속도 등의 수치를 설정합니다❷. 다이얼이 없는 카메라에서는 화면에서 메뉴 조작을 통해 설정합니다.

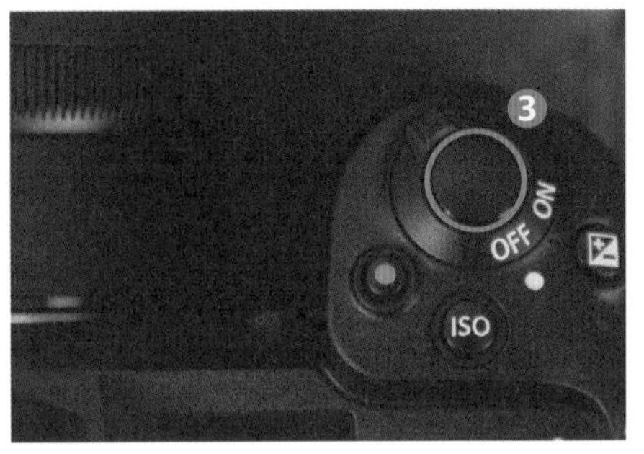

셔터를 누른다

셔터를 눌러 촬영합니다❸. 포커스 모드를 AF로 설정한 경우, 셔터 버튼을 반만 누르면 초점이 맞으며 끝까지 누르면 촬영할 수 있습니다.

촬영한 이미지를 확인한다

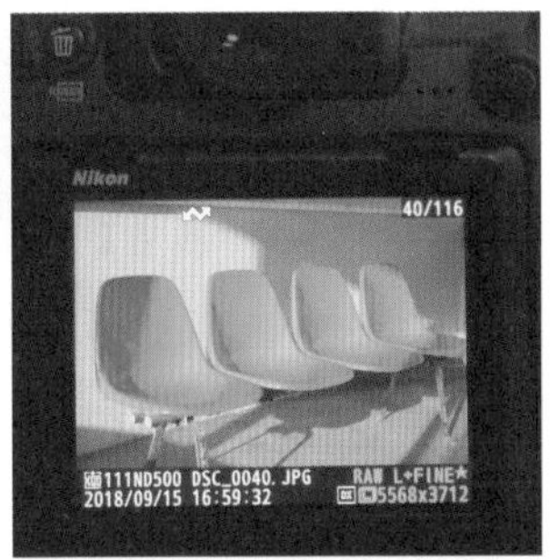

이미지를 확인한다

카메라의 ▶ 버튼을 누르면❶, 촬영한 이미지를 화면에 재생해 확인할 수 있습니다.

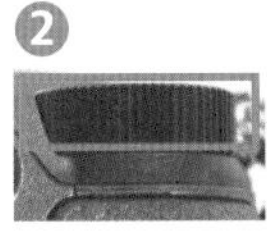

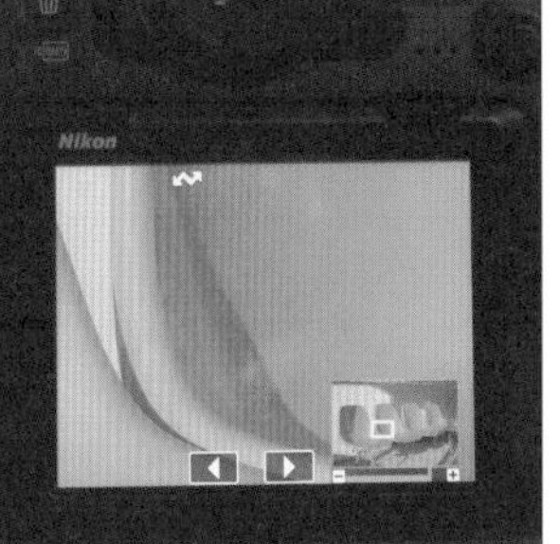

확대해 확인한다

다이얼을 돌리거나❷, + 버튼을 누르면❸ 이미지의 일부를 확대해 표시할 수 있습니다. 찍고자 한 부분에 초점이 맞았는지 확인합니다.

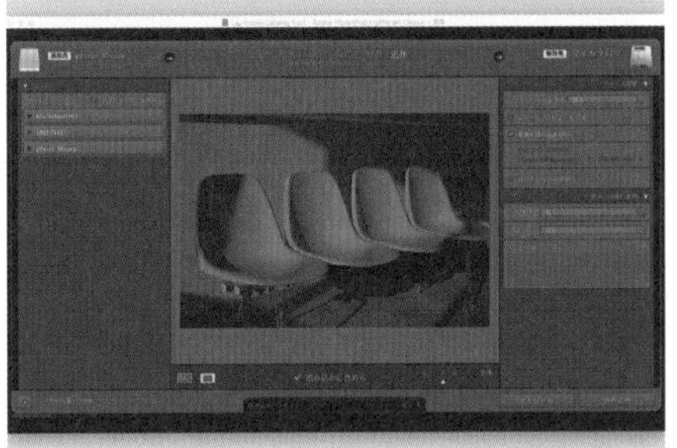

컴퓨터로 확인한다

촬영 후에는 컴퓨터의 큰 화면으로도 확인하는 편이 좋습니다. SD카드를 삽입하거나, 카메라와 컴퓨터를 전용 케이블로 연결하는 등의 방법으로 파일을 전송한 후에 확인할 수 있습니다.

SECTION

02 기본적인 카메라 설정 이해하기

렌즈 교환식 카메라에는 '조리개 우선'이나 '셔터 우선' 등의 촬영 모드, 밝기나 표현을 바꾸는 조리개 값이나 셔터 속도, 색을 설정하는 화이트 밸런스, 결과물을 조정하는 필터 기능 등 다양한 기능이 탑재되어 있습니다. 여기에서는 상품 사진을 촬영할 때 알아두어야 할 기본적인 카메라 설정을 알아봅니다.

01 촬영 모드를 설정한다

카메라는 빛을 담아서 밝기와 색을 인식하고 이미지 데이터로 기록합니다. 빛의 양은 조리개 값, 셔터 속도, ISO 감도 등에 의해 결정되며, 촬영 모드로 이런 수치를 설정합니다.

대부분의 렌즈 교환식 카메라에는 '프로그램 오토(P)', '조리개 우선(A, Av)', '셔터 우선(S, Tv)', '매뉴얼(M)'의 네 가지 모드가 있습니다. 상품 사진은 배경을 아웃포커싱하는 것이 중요하기 때문에 이 책에서는 '조리개 우선' 모드로 촬영하는 것을 추천합니다.

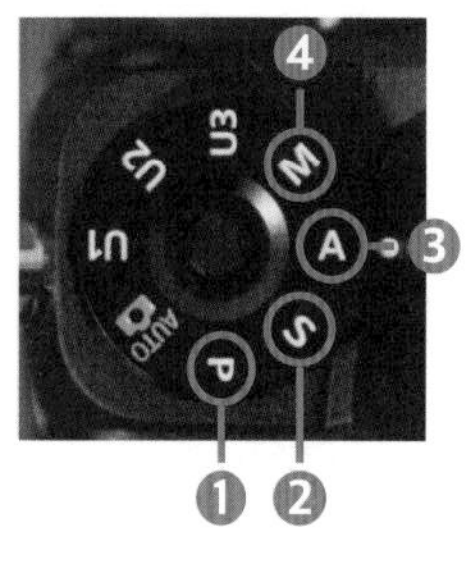

❶ 프로그램 오토(P)	조리개 값과 셔터 속도는 카메라가 설정하지만, 그 조합을 바꿀 수 있는 모드입니다.
❷ 셔터 우선(S, Tv)	촬영자가 셔터 속도를 설정하고, 카메라가 조리개 값을 설정하는 모드입니다. 셔터 속도에 따라 각기 다른 표현을 만들어낼 수 있습니다.
❸ 조리개 우선(A, Av)	촬영자가 조리개 값을 설정하고, 카메라가 셔터 속도를 설정하는 모드입니다. 조리개 값에 따라 사진의 아웃포커싱 정도를 조절할 수 있습니다.
❹ 매뉴얼(M)	조리개 값, 셔터 속도 모두를 촬영자가 설정하는 모드입니다.

셔터 속도

카메라는 바디 내부의 셔터를 열고 닫아 빛을 받아들이고 이미지를 기록합니다. 셔터 속도란 셔터를 연 후에 닫기까지 걸리는 시간을 말합니다. 셔터 속도가 빠를수록 사진은 어두워지고 느릴수록 밝아집니다. 또한 셔터 속도가 빠르면 피사체를 흔들림 없이 잡아낼 수 있고, 느리면 움직임이 느껴지게끔 담을 수 있습니다.

1/6초

느린 셔터 속도로 촬영해서 다리를 건너가는 사람들이 흔들리게 찍혔습니다.

1/200초

빠른 셔터 속도로 촬영해서 오고 가는 사람을 멈춰 있는 것처럼 담을 수 있었습니다.

02 조리개 설정

조리개란 렌즈 안에 있는 빛을 통하게 하는 구멍을 말하며, 'F2.0'과 같은 F값으로 표시합니다. F값이 작을수록 구멍이 커지며 많은 빛을 받아들여 밝은 사진이 됩니다. F값이 클수록 구멍이 작아지며 적은 빛을 받아들여 어두운 사진이 됩니다. 상품 사진에서 조리개는 배경의 아웃포커싱 정도를 정하는 중요한 역할을 합니다. F값이 작을수록 배경이 많이 흐려지며, 클수록 전체적으로 뚜렷하게 찍힙니다. F값을 조작할 수 있는 촬영 모드는 '조리개 우선' 혹은 '매뉴얼'인데, 매뉴얼 모드는 조작이 어렵기에 조리개 우선 모드를 추천합니다.

조리개와 밝기의 관계

아래 그림은 조리개와 밝기의 관계를 표시한 것입니다. F값이 작을수록 받아들이는 빛의 양이 많아지며 사진이 밝아집니다. 반대로 F값이 클수록 받아들이는 빛의 양이 적어지며 어두운 사진이 됩니다.

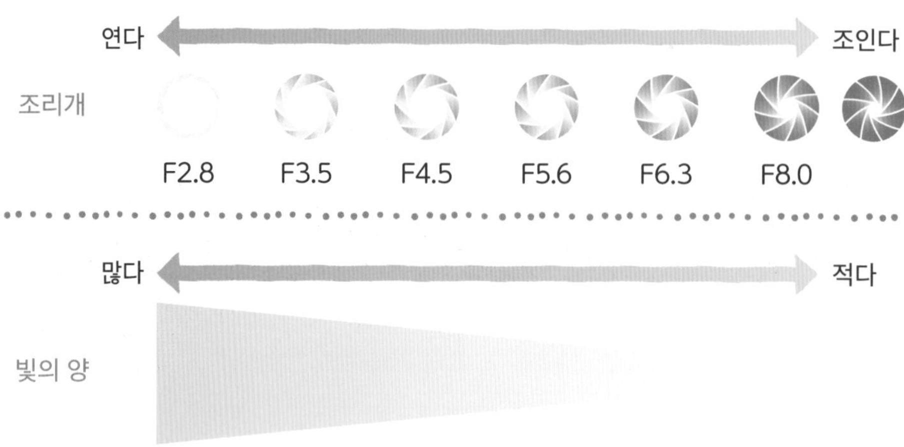

조리개와 아웃포커싱의 관계

피사체에 초점을 맞추고 나머지 배경 부분을 흐리게 처리하는 것을 아웃포커싱이라고 합니다. 조리개 값에 따라 배경이 아웃포커싱되는 범위가 달라집니다.

F1.8

작은 F값으로 촬영한 사진입니다. 문자판의 '6'에 초점이 맞았으며, 그 외의 부분은 상당히 흐립니다.

F11

큰 F값으로 촬영한 사진입니다. 문자판 전체에 초점이 맞았고 시계 전체가 뚜렷하게 찍혔습니다.

아웃포커싱 효과를 만드는 피사계 심도

F값에 따라 달라지는 초점의 폭을 피사계 심도라고 합니다. F1.8 등 작은 F값에서는 초점이 맞는 폭이 좁아지며 배경이 아웃포커싱되는 범위가 커집니다. 이것을 '피사계 심도가 얕다'라고 표현합니다. F11 등 큰 F값에서는 초점이 맞는 폭이 넓어지며 배경이 아웃포커싱되는 범위가 작아집니다. 이것을 '피사계 심도가 깊다'라고 표현합니다.

F1.8

피사계 심도가 얕다 → 배경이 많이 아웃포커싱된다

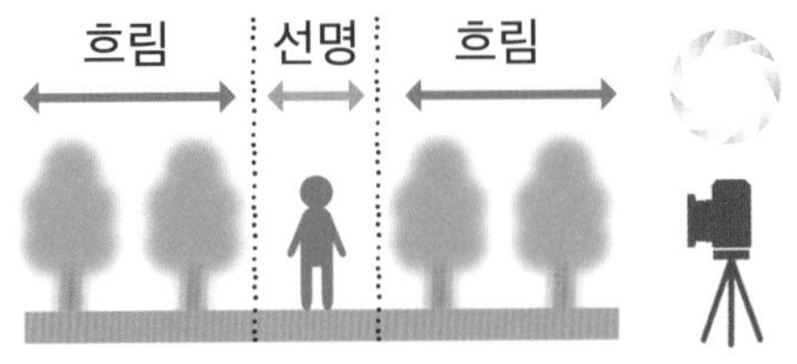

F값이 작으면 피사계 심도는 얕아지며, 초점이 맞는 범위가 좁고 전체적으로 아웃포커싱된 부분이 많은 사진이 됩니다.

F11

피사계 심도가 깊다 → 주변 배경이 선명해진다

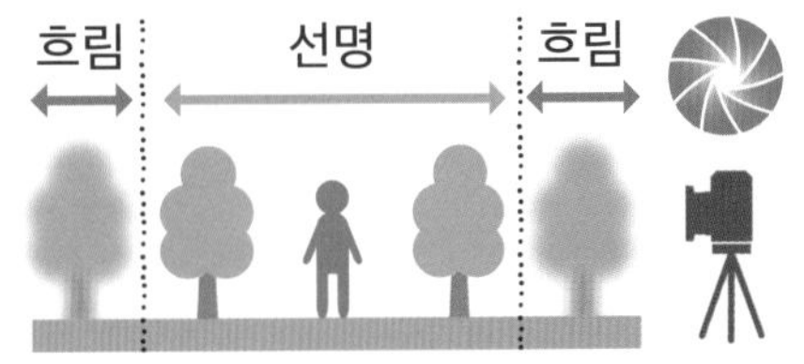

F값이 크면 피사계 심도는 깊어지며, 초점이 맞는 범위가 넓고 전체적으로 뚜렷한 사진이 됩니다.

03 렌즈

렌즈 교환식 카메라의 가장 큰 장점은 렌즈를 갈아 끼워 화면에 들어오는 범위나 배경이 아웃포커싱되는 범위를 바꿀 수 있다는 점입니다. 렌즈의 종류는 초점 거리에 따라 구별합니다. 초점 거리란 렌즈에 표시된 '50mm' 등의 숫자를 말하며, 숫자가 작을수록 넓은 범위의 사진을 찍을 수 있고, 숫자가 클수록 좁은 범위의 사진을 찍을 수 있습니다. 상품 사진에서 주로 사용하는 것은 35mm~70mm 정도의 '중망원'이라고 하는 렌즈입니다. 중망원 렌즈는 인간의 시야에 가까운 범위를 담을 수 있습니다.

30mm

항구 마을을 낮은 언덕에서 촬영했습니다. 넓은 범위를 찍는 30mm 렌즈로 촬영해서 마을과 하늘, 바다, 먼 곳에 있는 산까지 모두 담겼습니다.

93mm

같은 장소에서 렌즈를 바꿔서 93mm 초점 거리로 촬영했습니다. 마을 일부가 잘려나갔으며 클로즈업되어 사진에 담겼습니다.

광각 렌즈의 왜곡에 주의한다

35mm 이하의 초점 거리를 가진 렌즈는 일반적으로 '광각 렌즈'라고 부릅니다. 인간의 시야보다 넓은 범위를 담을 수 있으며, 원근감과 박력 있는 표현이 가능합니다. 하지만 광각 렌즈는 화면 끝이 왜곡되어 보이는 특징이 있기에 상품 촬영에는 그다지 적합하지 않습니다.

한편 스마트폰에 탑재된 카메라는 대부분 광각 렌즈입니다. 카메라의 기능을 통해 기본적인 보정은 이루어지지만 그럼에도 불구하고 주변부는 다소 왜곡됩니다. 따라서 스마트폰으로 상품을 촬영할 때는 주제가 되는 상품을 화면 중앙에 배치하는 것이 좋습니다.

15mm로 촬영

15mm의 초광각 렌즈로 커다란 건물을 찍은 사진입니다. 중심부는 벽돌이나 기둥이 똑바로 뻗어 있지만, 끝부분에 찍힌 자동차나 벽은 상당히 왜곡되어 있습니다.

04 초점 맞추기

초점 맞추기는 상품 촬영에서 매우 중요한 작업입니다. 밝기나 색은 RAW 현상을 통해 촬영 후에도 보정할 수 있지만, 초점은 촬영 후에 수정할 수 없기 때문입니다. 초점을 맞추는 방법은 두 가지가 있습니다. 카메라가 자동으로 초점을 맞추는 오토 포커스(AF)와 렌즈의 초점 링을 돌려서 촬영자 스스로 초점을 맞추는 매뉴얼 포커스(MF)입니다. AF가 사용하기 간단하지만, 피사계 심도가 얕고 초점을 정밀하게 맞출 필요가 있을 때는 화면의 확대 기능을 사용하면서 MF로 신중하게 초점을 맞춰야 합니다.

MF로 초점 맞추는 법

렌즈나 바디의 AF/MF 전환 스위치를 'MF'로 바꿉니다❶.

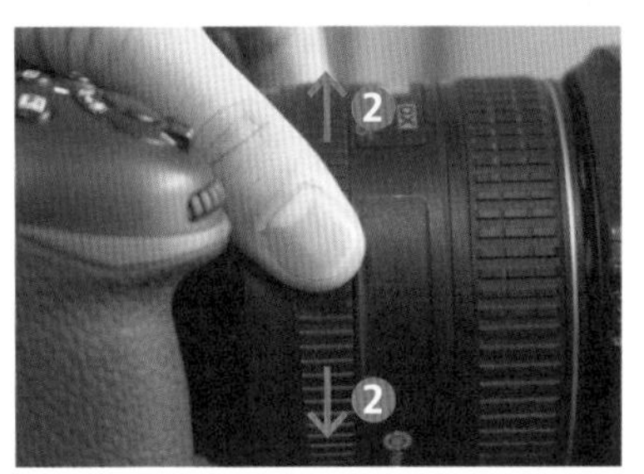

렌즈의 초점 링을 돌려서❷, 초점 위치를 조정합니다.

초점 위치는 라이브뷰 화면이나 파인더로 확인합니다.

보여주고 싶은 장소에 초점을 맞춘다

초점 맞추기의 기본은 주제가 되는 피사체, 그중에서도 특별히 보여주고 싶은 부분에 초점을 맞추는 것입니다. 사진을 볼 때 초점이 맞는 장소로 자연스레 시선이 흘러가기 때문에 결과적으로 그 장소가 사진에서 가장 눈에 띄게 됩니다.

예를 들어 상품의 로고나 포인트가 되는 부분 등을 강조해서 보여주려면 F1.8 등의 작은 F값으로 설정해 피사체 일부에만 초점을 맞춰야 합니다. 이처럼 무엇을 보여주고 싶은지를 확실히 결정한 후에 초점을 맞출 위치를 정합시다.

깊이감이 있는 사진은 초점 위치에 따라 주제가 무엇인지를 전달할 수 있습니다.

부감 사진은 카메라에서 피사체까지의 거리가 모두 같은 경우가 대부분이므로, 전체에 초점이 맞는 경우가 많습니다.

어렵다면 AF로 초점을 맞춘다

MF로 초점을 맞추기가 어렵다면 AF로 맞춰도 문제없습니다. 초점을 범위가 좁은 모드로 설정한 후에 초점을 맞추고 싶은 장소로 AF 포인터를 이동합니다. 다만 AF로 설정한 경우, 자신이 의도한 위치와는 다른 곳에 초점이 맞을 수 있으므로 주의가 필요합니다.

렌즈나 바디의 AF/MF 전환 스위치를 'AF'로 바꿉니다❶.

포커스 포인트를 '싱글 포인트' 등 범위가 좁은 모드로 변경하고, 포인터를 움직여 초점 위치를 조정합니다❷.

05 노출 보정

조리개 우선 모드로 촬영하는 경우, 조리개 값을 정하면 카메라가 자동으로 셔터 속도를 설정해 적정한 밝기로 설정해줍니다. 하지만 그 밝기가 반드시 촬영자가 의도한 수준의 밝기라고는 할 수 없습니다. 이때 편리한 것이 노출 보정입니다. 플러스 방향, 혹은 마이너스 방향으로 노출을 보정해 간단하게 사진의 밝기를 바꿀 수 있습니다.

특히 피사체에서 흰 부분이나 검은 부분의 면적이 크면 사진이 생각한 밝기로 나오지 않는 경우가 많으므로, 노출 보정을 활용해 밝기를 조정해봅시다.

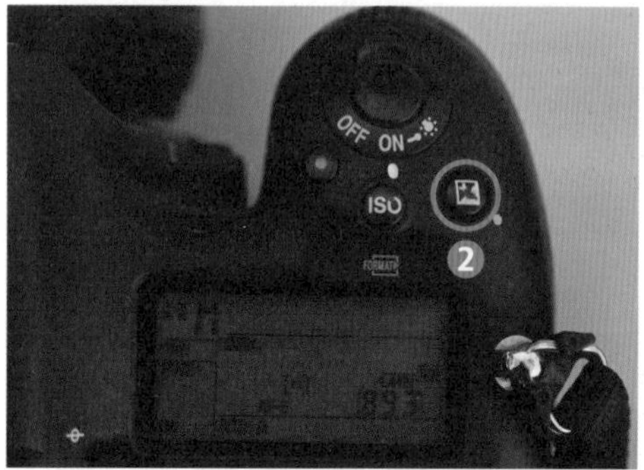

노출 보정은 다이얼을 조작하는 방법❶이나 버튼을 누르며 다이얼을 돌리는 방법❷ 등이 있습니다. 설정 방법은 자신이 가진 카메라의 매뉴얼을 확인하세요.

플러스 보정으로 밝게 마무리한다

카페에서 커피를 내리는 장면을 촬영했습니다. 저 멀리 찍힌 야외 부분에 노출이 맞아서 주제가 되는 커피 컵이 어두워져버렸습니다. 따라서 플러스로 노출을 보정해 전체를 밝게 만들어 커피 컵이 적정한 밝기가 되도록 마무리했습니다.

마이너스 보정으로 진한 느낌을 준다

디저트를 손에 든 장면을 촬영했습니다. 원래의 사진도 나쁘지는 않지만, 전체적으로 균일한 밝기여서 다소 긴장감이 없는 인상이었습니다. 따라서 마이너스로 노출을 보정해 전체적으로 어둡게 해 긴장감이 도는 진한 사진으로 마무리했습니다.

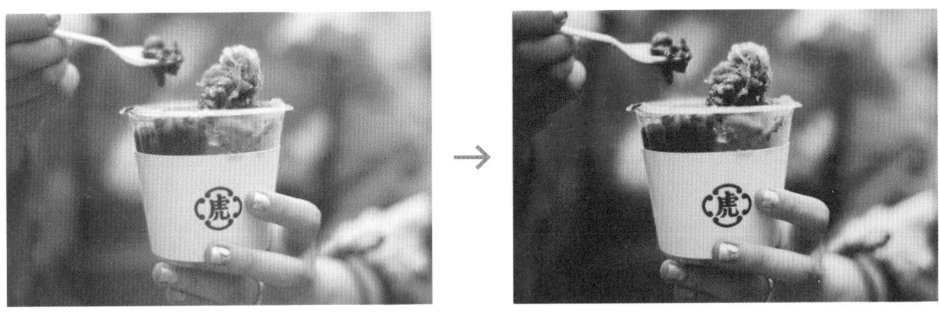

06 화이트 밸런스

광원에는 태양, 전구, 형광등 등 다양한 종류가 있으며, 각자 서로 다른 색을 지니고 있습니다. 광원의 색을 적절히 보정해 어떤 광원 아래서도 흰 피사체가 하얗게 비치도록 조정하는 것이 화이트 밸런스 기능입니다. 촬영할 때 '태양광', '구름', '전구' 등 광원에 맞는 모드를 선택합니다.

한편 각 모드의 특징을 파악해 색을 더하는 방법도 있습니다. 예를 들어 '전구' 모드로 설정해 사진에 파란색을 더해 마무리하는 방식입니다. 상품 사진에서는 주로 이런 방법을 사용합니다. 다만 너무 현실과 벗어난 색으로 사진을 찍으면 사진과 실제 모습이 크게 달라지기 때문에 고객 클레임의 원인이 될 수도 있습니다. 화이트 밸런스는 어디까지나 가볍게 꾸미는 정도로만 활용합시다.

AUTO	카메라가 자동으로 색을 조정하는 모드입니다.
태양광	맑은 대낮에 사용하는 모드로, 태양광의 색을 보정합니다. 비교적 어떤 광원에서도 사용할 수 있는 모드입니다. 카메라에 따라 '맑은 날', '맑음'과 같은 명칭일 때도 있습니다.
구름	구름이 낀 대낮에 사용하는 모드로, 약간 붉은 기를 더합니다.
그늘	그늘에 있을 때 사용하는 모드로, '구름'보다 더욱 붉은 기를 더합니다.
전구	광원이 전구일 때 사용하는 모드로, 강한 푸른 기를 더합니다. '백열등' 같은 명칭일 때도 있습니다.
형광등	광원이 형광등일 때 사용하는 모드입니다. '백색 형광등', '나트륨등 혼합광' 등의 명칭일 때도 있으며 각각 해당하는 광원의 색에 맞춰서 보정합니다.
색온도	절대 온도를 나타내는 캘빈값으로 사진의 색을 결정하는 모드입니다.
매뉴얼 화이트 밸런스	촬영 현장의 광원 정보를 취득해 그 정보를 바탕으로 카메라가 판단해 화이트 밸런스를 정하는 모드입니다. '커스텀', '프리셋' 등의 명칭일 때도 있습니다.

매뉴얼 화이트 밸런스를 설정한다

매뉴얼 화이트 밸런스란 촬영 현장의 광원에 적합한 화이트 밸런스를 수동으로 설정하는 방법을 말합니다. 그레이 카드라고 하는 회색 판을 카메라 앞에 비추고 매뉴얼 화이트 밸런스를 설정합니다. 이렇게 하면 촬영 현장의 광원에 맞춘 독자적인 화이트 밸런스를 설정할 수 있습니다. 상품의 색을 가능한 한 실제와 비슷하게 담고 싶을 때 편리합니다. 상품 사진의 경우에는 실제의 색을 충실하게 재현해야 하므로, 매뉴얼 화이트 밸런스 사용법은 자세히 익혀두는 편이 좋습니다.

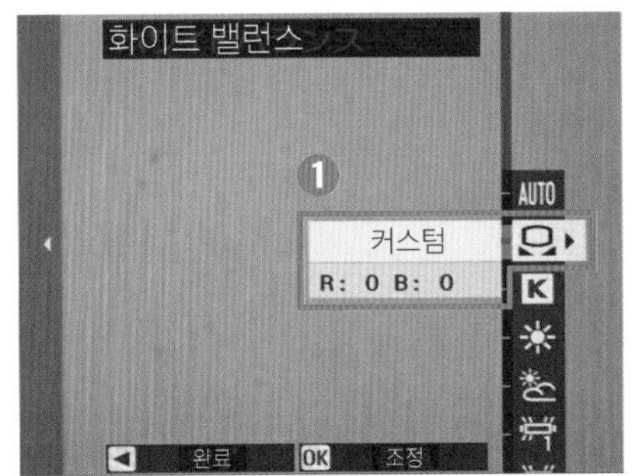

화이트 밸런스를 '매뉴얼', '커스텀' 등의 모드에 맞춥니다❶.

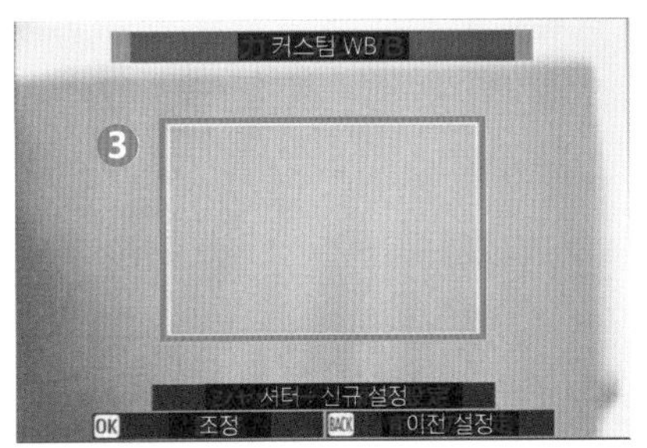

그레이 카드를 준비하고❷, 카메라에 표시된 틀 안에 가득 채웁니다❸.

셔터 버튼을 눌러, 'GOOD', 'OK' 등의 표시가 나오면 설정이 완료됩니다❹.

SECTION

03 빛의 질감과 방향 이해하기

사진에서 빛을 빼놓을 수 없습니다. 빛에는 방향과 질감이 있습니다. 예를 들어 피사체에 직접 닿는 빛은 직사광이라고 하며, 강한 빛일 때가 많습니다. 또한 빛이 어느 각도에서 닿는지에 따라 그림자의 방향이나 밝아지는 부분이 달라집니다. 빛이 어디에서 닿는지를 파악한 후에 피사체를 놓는 장소나 카메라의 위치, 촬영 시간대 등을 생각하고 촬영해봅시다.

01 자연광으로 찍는다

인공 조명의 빛과 비교해 태양광을 자연광이라고 부릅니다. 보통 상품 사진은 창문을 통해 쏟아져 들어오는 태양광을 이용해 촬영합니다. 자연광은 다루기가 쉽다는 장점이 있습니다.

플래시(스트로보)를 이용한 촬영의 경우, 조명의 배치나 빛의 강도 설정에 관한 고도의 지식이 필요하지만, 자연광의 경우에는 피사체를 움직이거나 천을 가져다 대는 등의 방법으로 간단하게 빛을 조절할 수 있습니다. 다만 자연광을 활용할 경우에는 날씨나 시간대 등 촬영자가 통제할 수 없는 요인도 많습니다. 자연광의 특징을 제대로 고려해서 촬영해봅시다.

플래시는 조작이 어렵다

아래 예시는 피사체에 플래시 빛을 직접 대고 촬영한 사진입니다. 빛이 너무 강해서 피사체가 새하얗게 나왔고, 한눈에 실패작임을 알 수 있습니다. 플래시를 생각한 대로 조작하기 위해서는 라이트 스탠드나 모노블록 스트로보, 트레이싱 페이퍼 등 복잡한 도구와 조작이 필요합니다. 그러나 이런 방식으로 촬영에 성공하더라도 인스타그램에서 공감을 얻을 가능성은 크지 않을 것입니다.

자연광은 다루기 쉽다

다음 예시는 창에서 쏟아져 들어오는 자연광으로 촬영한 사진입니다. 바깥 날씨가 흐려서 부드러운 빛이 되었으며 딱 좋은 강도로 피사체에 빛이 닿았습니다. 커튼을 친다거나 창문 반대쪽에 아크릴판을 놓는 방법을 통해 빛의 질감도 간단히 바꿀 수 있습니다.

02 빛의 상태를 의식한다

자연광은 시간대나 계절, 날씨에 따라 질감과 방향, 색이 달라집니다. 아침과 저녁에 빛의 색이 다르고 여름과 겨울에 빛의 강도가 다른 것처럼, 자연광을 사용한 촬영에서는 항상 빛의 상태 변화에 따른 영향을 받습니다. 촬영할 때는 그 순간과 공간에서 빛의 상태가 어떤지 제대로 파악해야 합니다.

상품 촬영을 한다면 오전 중에 촬영하기를 추천합니다. 오전에는 긴 시간 동안 빛이 들어오기에 촬영 시간을 많이 확보할 수 있습니다. 또한 저녁이 되어 붉어진 자연광은 색을 조정하기가 어렵기 때문에 자연광이 색에 큰 영향을 주지 않는 오전 중에 찍는 것이 좋습니다.

오전 11시

오전 11시, 창가에 컵을 놓고 자연광으로 촬영했습니다. 아직 해가 높이 떠 있으며 부드러운 빛이 실내로 들어오기 때문에 사진도 따뜻한 분위기가 되었습니다.

오후 3시

오후 3시, 시간대만을 바꿔서 같은 장소에서 같은 각도로 같은 피사체를 촬영했습니다. 저녁이 가까워져서 해가 기울어졌고 창에서 강한 빛이 들어와서 콘트라스트가 높은 사진이 되었습니다.

03 빛의 질감을 의식한다

빛의 질감은 크게 세 종류로 나눠서 생각해볼 수 있습니다. 피사체에 직접 닿는 직사광, 무언가를 통과해서 피사체에 닿는 투과광, 무언가에 반사해 피사체에 닿는 반사광입니다. 직사광은 딱딱한 빛, 투과광이나 반사광은 부드러운 빛입니다.

상품 사진에서는 대부분 투과광이나 반사광 등의 부드러운 빛을 사용합니다. 부드러운 빛을 얻기 가장 좋은 때는 흐린 날로, 태양광이 구름을 통과해 도달하기 때문에 자연스레 투과광이 됩니다. 한편 포트레이트 촬영 등에서 자주 사용하는 반사판은 반사광을 만들어내는 도구입니다. 반사판이 없다면 흰 종이 같은 것을 대신 사용할 수 있습니다.

직사광 NG

빛이 직접 닿는 직사광은 콘트라스트가 너무 강해서 오히려 칙칙한 인상을 주기 쉽습니다.

투과광

커튼 등을 투과해 닿는 투과광은 빛이 퍼져서 부드러운 느낌을 줍니다.

반사광

벽 등에 반사해 닿는 반사광은 반사하는 대상에 따라 빛의 특징이 달라집니다.

04 빛의 방향을 의식한다

빛의 질감과 함께 빛의 방향도 생각해야 합니다. 피사체에 대해 어떤 방향에서 빛이 닿는지에 따라 사진의 인상이 크게 달라집니다. 빛의 방향은 크게 세 가지로 나눌 수 있습니다. 촬영자 뒤에 광원이 있는 순광, 옆에서 빛이 들어오는 측광, 촬영자의 정면에 광원이 있는 역광입니다. 각각 특징이 있지만, 상품 촬영에서는 순광을 그다지 사용하지 않습니다. 피사체에 정면으로 빛이 닿기 때문에 평면적인 사진이 되기 쉬워 입체감이 생기지 않기 때문입니다. 또한 촬영자 자신의 그림자가 사진에 비치는 단점도 있습니다.

다음 그림은 빛의 방향과 피사체와의 관계를 보여주고 있습니다. 촬영할 때 어떤 방향에서 빛이 닿는지를 의식해야 합니다.

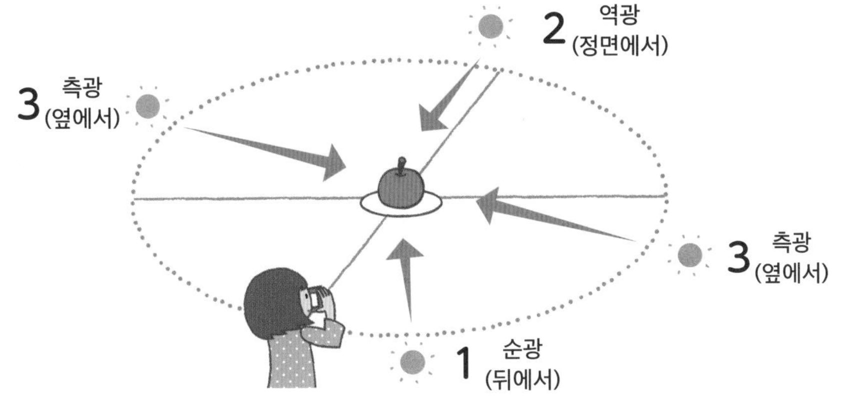

빛의 방향은 크게 나누면 세 방향이지만, 세세하게 분류하면 비스듬히 빛이 비치는 사광, 반역광 등도 있습니다. 촬영 중에 항상 어떤 방향에서 빛이 들어오는지 의식합시다.

상품 촬영에서는 측광이 기본

기존의 상품 촬영은 플래시를 여러 개 사용해 평면적인 사진을 찍는 것이 주류였습니다. 하지만 인스타그램에서 밋밋한 사진은 전혀 시선을 끌 수 없습니다. 따라서 인스타그램을 위한 상품 촬영에서는 측광을 사용해 피사체에 음영을 주어 입체감을 표현한 사진을 찍는 것이 좋습니다.

피사체를 손에 들고 측광이 닿는 장소를 찾아 촬영했습니다. 알맞은 강도의 자연광이 주제에 음영을 주고 입체감을 표현했습니다.

역광으로 부드러운 느낌을 표현한다

역광으로 촬영하면 부드럽고 따뜻한 느낌을 구현해서 환상적인 분위기를 연출할 수 있습니다. 이 같은 분위기의 사진은 인스타그램에서 시선을 끌기 좋습니다.

특히 화면 안에 광원을 넣어서 촬영하면 플레어나 고스트 등의 현상이 일어나기 쉽습니다. 플레어란 렌즈에 너무 밝은 빛이 들어와서 사진이 뿌옇게 보이는 현상을 말하며, 고스트는 사진에 빛의 잔상이 남는 것을 말합니다. 보통은 촬영에서 선호하지 않는 현상이지만, 일부러 이런 현상을 일으켜서 현실과는 다른 분위기를 낼 수도 있습니다.

고스트나 플레어를 넣는다

강한 광원을 화면 안에 넣으면, 고스트나 플레어가 발생할 수 있습니다. 화면 전체를 부드러운 분위기로 만들어줍니다.

빛 망울을 만든다

배경의 광원을 화면 안에 넣고, 초점이 벗어난 상태에서 F값을 작게 하면 배경에 빛 망울을 만들 수 있습니다. 렌즈가 광원 쪽으로 향하고 있으므로 이것도 역광 표현 중 하나입니다.

〈 상품의 반사에 주의 〉

상품 중에는 유리나 플라스틱 등 주변의 대상을 반사하는 소재로 된 상품이 있습니다. 이런 소재를 촬영할 때는 자신의 모습이나 불필요한 배경이 반사되지 않도록 주의해야 합니다. 촬영하는 각도를 바꾸거나 카메라의 주변을 검은 천으로 덮는 등의 방법으로 반사를 방지합시다. 렌즈에 달아서 반사를 방지하는 '닌자 리플렉스'라는 도구도 있습니다.

이 사진에서는 검은 샴푸 케이스에 촬영 현장의 형광등이 반사돼버렸습니다. 상품을 이동하거나 렌즈 주변을 검은 천으로 덮거나 상품과 같은 색의 옷을 입는 등의 방법으로 반사를 방지합시다.

05 빛의 질감을 조작한다

플래시를 사용해 상품 사진을 찍는다면 빛의 강도나 위치를 전부 스스로 통제할 수 있지만 그 대신 복잡한 조작법을 알아야 합니다. 그에 비해 자연광을 이용할 때는 **태양의 위치나 날씨는 통제할 수 없지만, 대신 약간의 수고만 들여 빛의 질감을 조작할 수 있습니다.** 어려운 조작이나 커다란 장비를 세팅할 필요가 없는 자연광을 적극적으로 활용해봅시다.

커튼을 투과시킨다

실내에서 촬영한다면 자연광이 쏟아져 들어오는 창가에서 촬영하는 것이 좋습니다. 창문에 얇은 커튼을 치면 빛은 투과광이 됩니다. 다만 커튼 레이스에 색이 있다면 빛도 그 색으로 변해버릴 수 있으니 흰 커튼을 준비합시다.

창문으로 들어온 빛은 커튼을 통과하면 투과광이 됩니다. 투과광은 피사체를 부드럽게 비춰주어 사진도 따뜻한 인상이 됩니다.

상품을 창가에 놓고 커튼을 쳐서 투과광을 만듭시다.

종이나 판으로 반사시킨다

흰 종이나 판에 자연광을 반사시켜 반사광을 만들 수 있습니다. 평범한 복사용지나 대형 마트에서 파는 아크릴판 등을 이용하면 반사판과 같은 효과를 낼 수 있습니다. 다만 커튼과 마찬가지로 색이 있는 것을 사용하면 그 색이 피사체에 반영되어버립니다. 또한 반사판의 소재에 따라 빛의 강도도 달라지므로 주의해야 합니다.

자연광과 반사광, 양쪽에서 빛이 닿기에 피사체의 그림자는 그다지 눈에 거슬리지 않습니다.

광원의 반대쪽에 아크릴판 등을 세워서 빛을 반사시킵니다. 흰 종이를 써도 충분합니다.

PL 필터를 사용한다

PL 필터는 불필요한 빛의 반사를 제거하는 도구입니다. 유리면이나 수면 등의 반사를 억제하고 하늘이나 나무의 색을 본래의 색으로 찍을 수 있습니다. 풍경 촬영에서 자주 사용합니다. 렌즈 앞에 설치한 후 필터 끝부분을 회전해 필터 효과의 정도를 조정합니다. 상품 촬영에서도 유리나 비닐, 요리처럼 반사하는 소재를 촬영할 때 사용하며, 상품이 가진 본래의 색상을 보여줄 수 있습니다.

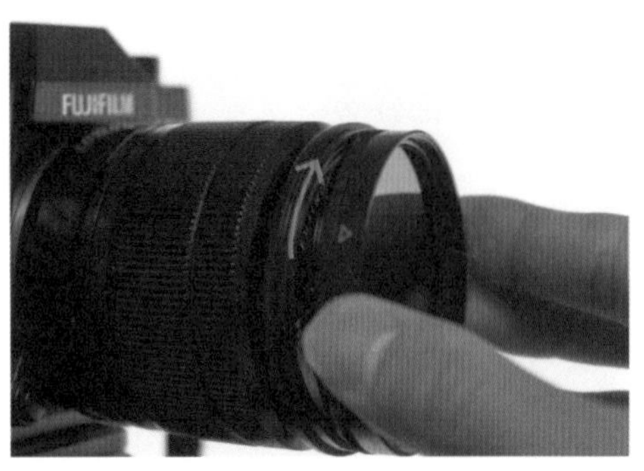

필터의 한쪽이 나사 형태이며 렌즈의 끝부분을 잡고 돌려서 부착합니다.

나사가 달린 반대쪽을 회전시키면 필터 효과의 강도를 조정할 수 있습니다.

PL 필터를 사용해 케이크를 촬영했습니다. 케이크를 둘러싼 필름의 반사가 없어지고 케이크 본래의 색이 표현됩니다. 딸기의 빛 반사도 억제되어 본래의 빨간색이 되었습니다.

PL 필터를 사용하지 않으면 그릇의 검은 둘레에 주변의 빛이나 케이크 본체가 비칩니다.

SECTION

04 스마트폰으로 촬영하기

렌즈 교환식 카메라가 없다면 스마트폰으로 촬영할 수도 있습니다. 스마트폰이라면 항상 몸에 지니고 있으므로, '이거 좋다!'라고 생각되는 장면도 재빠르게 촬영할 수 있습니다. 다만 광각 렌즈밖에 사용할 수 없고 F값 등을 설정하려면 별도의 앱을 사용해야 하는 등 렌즈 교환식 카메라와 비교할 때 다소 제약이 있습니다.

01 스마트폰으로 촬영하기 좋은 장면

스마트폰에 부착된 카메라의 초점 거리는 대부분 약 28mm 전후로 광각 렌즈가 많습니다. 렌즈의 구경도 작아서 피사계 심도를 이용한 아웃포커싱(→70쪽)을 구사하기도 어렵습니다. 이 때문에 스마트폰을 사용한 촬영은 건물의 내관과 외관, 혹은 부감으로 찍는 테이블 포토 등에 어울립니다. 이처럼 어느 정도 넓은 범위에 초점을 맞추거나 특정 피사체를 아웃포커싱할 필요가 없는 장면을 만나 곧장 사진을 찍고 싶다면 스마트폰을 이용해도 좋습니다.

전체적인 분위기를 찍는다

스마트폰의 광각 렌즈는 사람의 시야보다 넓은 범위를 담을 수 있으므로 건물의 내외관이나 풍경 등 눈앞에 펼쳐진 경치 전체의 분위기를 담을 때 어울립니다.

부감으로 찍는다

스마트폰은 렌즈 교환식 카메라에 비해 훨씬 가벼우므로 피사체의 바로 위쪽에서 촬영해도 그다지 부담스럽지 않습니다. 다만 광각 렌즈로 촬영하면 주변이 왜곡되어 버리므로(→72쪽), 주제가 되는 피사체는 가운데에 놓으세요.

02 기본 카메라 앱으로 촬영한다

스마트폰에 처음부터 탑재된 기본 카메라 앱을 이용하면 다른 앱을 다운로드하지 않고도 촬영할 수 있습니다. 기본 카메라 앱에도 상품 촬영에 편리한 설정이나 기능이 많습니다. 일단 기본 카메라 앱의 조작 방법을 익힌 후에 촬영하는 것이 좋습니다. 여기에서는 iPhone 기본 카메라 앱의 설정 방법을 설명합니다.

격자선을 표시한다

'설정'을 탭합니다❶. 설정 화면에서 아래로 스크롤해 '카메라'를 탭합니다❷.

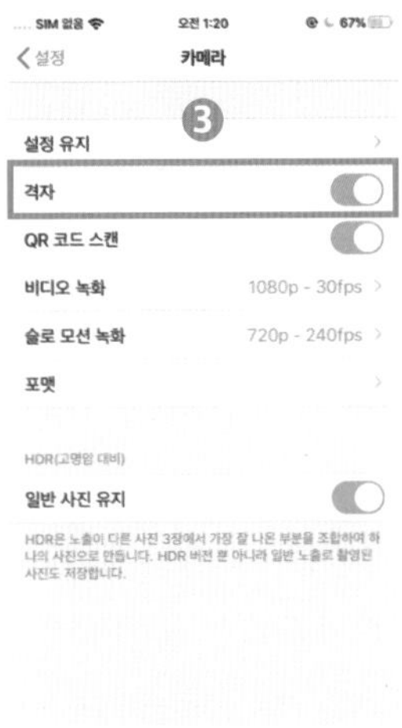

카메라 설정에서 '격자'를 탭해 활성화합니다❸.

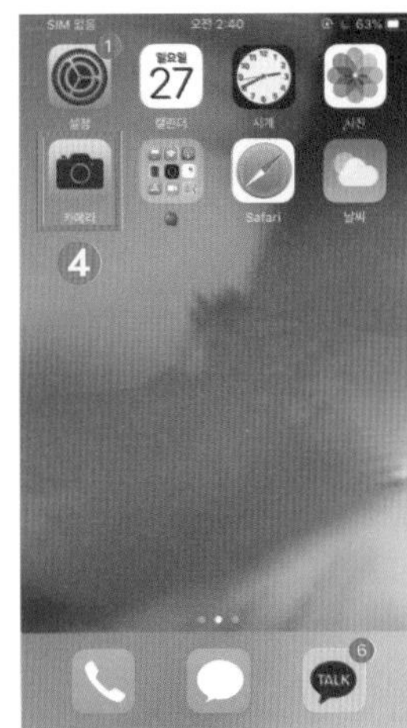

홈 화면으로 돌아가 '카메라'를 탭합니다❹.

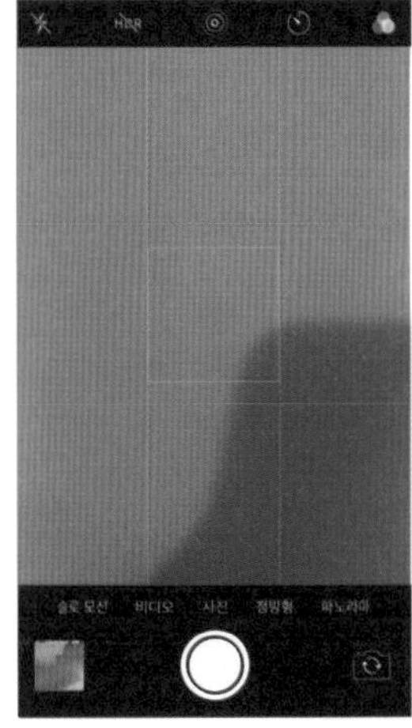

촬영 화면에 격자선이 표시됩니다.

기본 설정을 세팅한다

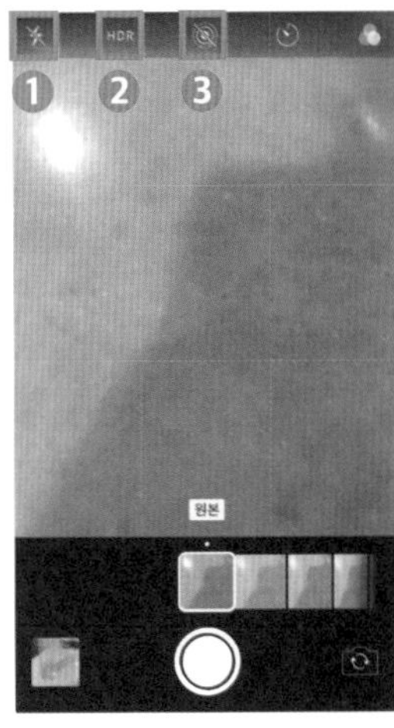

플래시를 끄고❶, HDR을 켠 후에❷, 'LIVE PHOTO'를 끕니다❸. HDR은 사진의 음영이 너무 강해지는 것을 방지하기 위해 켜는 것이 좋습니다.

지면과 평행을 맞춘다

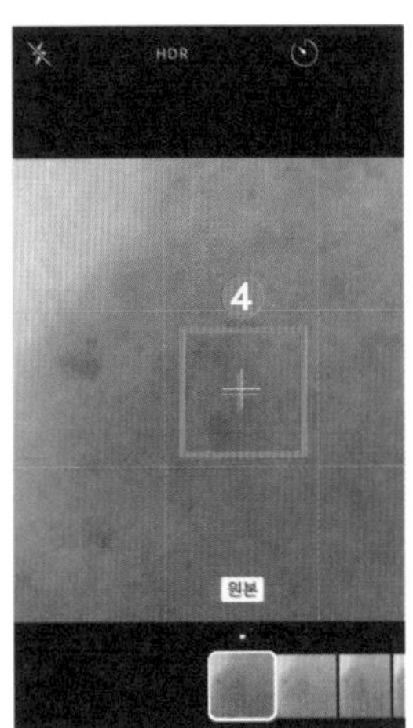

스마트폰을 지면과 평행으로 맞추면 화면 중앙에 십자 표시가 나옵니다❹. 2개의 십자 표시가 겹쳐진 포인트가 평행점입니다.

초점 맞추기와 노출

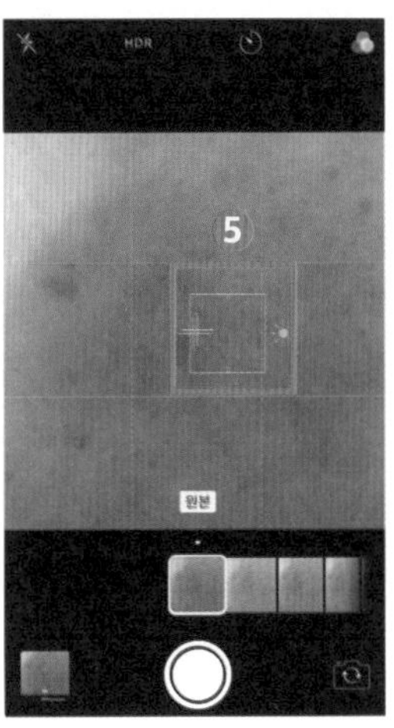

화면상의 피사체를 탭하면 그 부분에 초점과 노출이 맞으며 사각 틀과 슬라이더가 나타납니다❺. 슬라이더를 위아래로 스크롤하면 사진의 밝기를 바꿀 수 있습니다.

03 Foodie 앱으로 촬영한다

기본 카메라 앱도 좋지만, 더욱 많은 기능을 이용하고 싶다면 다른 카메라 앱을 써도 좋습니다. 스마트폰용 카메라 앱은 종류가 매우 많은데 그중 추천하는 것 중 하나가 Foodie입니다. 음식 사진을 맛있어 보이게 찍는 앱으로, 노출과 색감이 밝아지는 필터가 30종 이상 포함되어 있습니다.

Foodie는 셔터음이 나지 않도록 설정할 수 있고 iPhone의 기본 카메라 앱과 마찬가지로 지면과 평행이 됐을 때 표시가 변하는 베스트 앵글 기능이 있다는 장점이 있습니다. 직관적으로 조작할 수 있는 앱이므로, 기본 카메라 앱과는 다른 효과를 내고 싶을 때 사용해보세요.

'YU1(맛있게)' 필터로 촬영

Foodie를 사용해 'YU1(맛있게)'라는 필터로 촬영했습니다. 노란기와 붉은 기가 더해지고 이미지도 전체적으로 밝아져서 주제인 음식이 더욱 맛있어 보이게 되었습니다. 베스트 앵글 기능을 통해 부감으로 촬영하기도 간단합니다.

Foodie의 촬영 방법

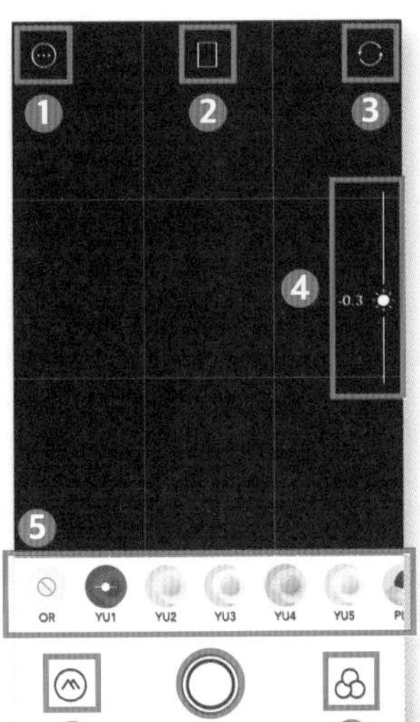

Foodie의 각 기능

❶ 손전등, 블러, 타이머, 그리드, 기타 설정을 변경할 수 있습니다.
❷ 사진의 종횡비를 변경할 수 있습니다.
❸ 전면 카메라/후면 카메라를 변경할 수 있습니다.
❹ 화면을 탭하면 노출 슬라이더가 표시되며 상하로 스크롤해 밝기를 변경할 수 있습니다.
❺ 필터 목록이 표시됩니다. 가로로 스크롤하면 표시 내용을 변경할 수 있습니다.
❻ 필터를 변경하는 버튼입니다. 여기를 탭해 필터 목록을 표시합니다.
❼ 셔터 버튼입니다. 여기를 탭해 촬영합니다.
❽ 이미 촬영한 사진을 편집할 수 있습니다.

스마트폰을 지면과 평행이 되게 들면 화면 하부가 노란색으로 바뀌며 ❶, 셔터 버튼 위에 'TOP VIEW'라고 표시됩니다❷.

04 Adobe Lightroom으로 촬영한다

Adobe Lightroom은 컴퓨터용 RAW 현상 소프트웨어로도 유명하지만, 스마트폰용 Lightroom 앱은 카메라 기능을 사용해 촬영할 수 있습니다. 이 앱의 최대 장점은 RAW 데이터로 촬영하고 그대로 스마트폰 내에서 RAW 현상을 할 수 있다는 점입니다. 또한 스마트폰에서 RAW 데이터를 추출해 컴퓨터로 RAW 현상을 할 수도 있습니다. Adobe Lightroom을 사용하려면 별도로 Adobe사에 계정을 등록해야 합니다.

Adobe Lightroom으로 RAW 현상

접시에 요리의 그림자가 생겨서 콘트라스트가 너무 강한 인상이었습니다. '어두운 영역'을 조금 올려서 전체적으로 부드러운 인상으로 바꾸었습니다.

Adobe Lightroom 앱을 이용한 촬영 방법

앱을 켜서 로그인한 후에 화면 오른쪽 하단의 '📷'를 탭해 카메라를 켭니다❶.

각종 설정을 조정한 후에 촬영에 들어갑니다. 설정할 수 있는 항목은 아래를 참조하십시오.

'전문가' 모드 혹은 'HDR'로 촬영하는 경우에는 각 항목의 슬라이더를 스크롤해 값을 정할 수 있습니다❷.

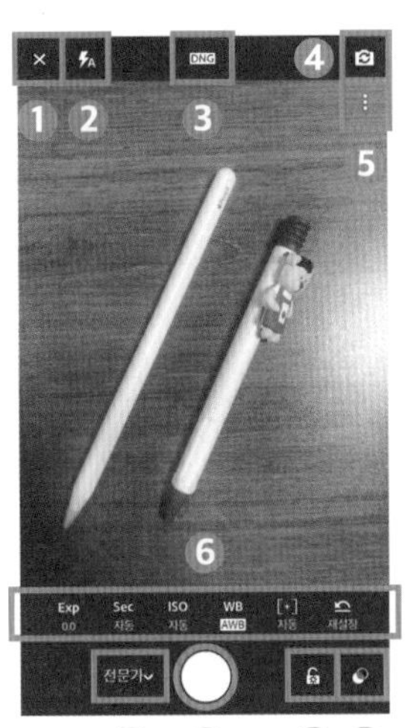

Adobe Lightroom의 각 기능

❶ 촬영을 종료합니다.
❷ 플래시 발광의 유무를 설정합니다.
❸ 파일 포맷을 'JPG', 'DNG'(RAW 데이터) 두 종류 중에서 선택합니다.
❹ 전면 카메라/후면 카메라를 변경할 수 있습니다.
❺ 종횡비, 타이머, 격자 및 레벨 등의 설정을 변경할 수 있습니다.
❻ 촬영 모드를 '전문가' 또는 'HDR'로 설정한 경우에 표시됩니다.
〈Exp〉 노출 보정을 설정할 수 있습니다.
〈Sec〉 셔터 속도를 설정할 수 있습니다.
〈ISO〉 ISO 감도를 설정할 수 있습니다.
〈WB〉 화이트 밸런스를 설정할 수 있습니다.
〈[+]〉 측광 모드를 설정할 수 있습니다.
〈재설정〉 촬영 설정을 초기화합니다.
❼ 촬영 모드를 '자동', '전문가', 'HDR' 세 종류 중에서 하나로 변경합니다.
❽ 셔터 버튼입니다. 여기를 탭해 촬영합니다.
❾ 셔터 속도와 ISO 감도를 고정할지 여부를 선택합니다.
❿ 필터 목록이 표시됩니다.

SECTION

05 디지털카메라로 촬영한 사진을 스마트폰으로 옮기기

인스타그램에 사진을 올리는 것은 스마트폰으로만 가능하며 컴퓨터로는 올릴 수 없습니다. 따라서 디지털카메라로 촬영한 사진을 인스타그램에 올리기 위해서는 일단 스마트폰으로 옮겨야 합니다. 컴퓨터로 RAW 현상을 한 후에 사진을 올리려면 카메라에서 컴퓨터로 옮겨서 보정하고 스마트폰으로 다시 옮겨야 합니다.

01 카메라의 사진을 컴퓨터로 옮긴다

우선 카메라의 사진을 컴퓨터로 옮깁니다. 보통 카메라의 메모리카드를 컴퓨터에 삽입합니다. 다만 카드를 자주 넣었다 뺐다 하면 데이터가 파손될 위험이 있으므로 단자 부분은 만지지 말고 습기가 많은 장소에서는 조작하지 않는 등 충분한 주의를 기울이세요. 또한 카메라를 구입했을 때 대부분의 장비에 동봉된 USB 케이블을 사용할 수도 있습니다. 그 경우에는 제작사에서 제공한 파일 전송 소프트웨어를 사용하는 것이 안전합니다.

컴퓨터에 사진을 옮기기 위해서는 메모리카드를 컴퓨터에 직접 삽입하거나❶, 카드 리더기로 연결하거나❷, 카메라와 컴퓨터를 USB 케이블로 연결하는❸ 등의 방법이 있습니다.

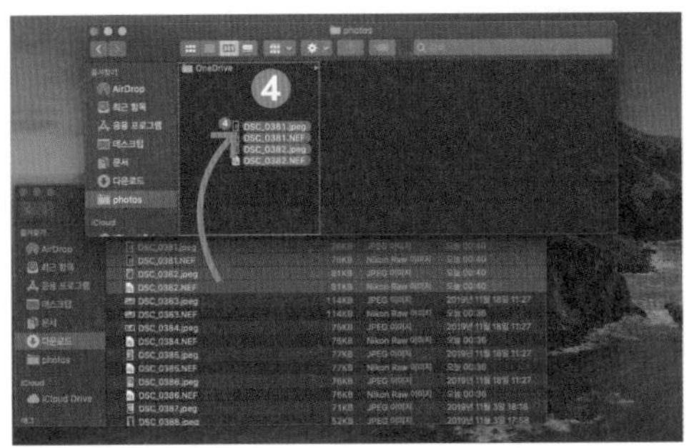

메모리카드나 카메라를 연결하면 컴퓨터에 설치된 파일 전송 소프트웨어가 켜지며, 화면상에서 원하는 폴더로 드래그&드롭을 함으로써❹ 사진을 컴퓨터로 복사할 수 있습니다.

02 컴퓨터의 사진을 스마트폰으로 옮긴다

카메라에서 컴퓨터로 사진을 옮겨 현상 처리를 한 후 컴퓨터의 사진을 스마트폰으로 옮깁니다. 여기에도 몇 가지 방법이 있으며, 사용하는 스마트폰에 따라서 방법이 각기 다릅니다. 컴퓨터와 스마트폰을 USB 케이블로 연결할 수도 있지만, 가장 편리한 수단은 클라우드 서비스입니다. Google 포토, Dropbox 등의 계정을 만들고 같은 계정으로 컴퓨터와 스마트폰에서 로그인해 파일을 동기화하면 컴퓨터와 스마트폰 사이에 사진을 공유할 수 있습니다.

컴퓨터와 스마트폰을 USB 케이블로 연결한다

컴퓨터와 스마트폰을 USB 케이블로 연결해 사진을 직접 옮기는 방법입니다. 카메라의 사진을 컴퓨터로 옮기는 조작 방식과 거의 같습니다. 다만 기종에 따라서는 고유의 앱을 사용하거나 SD카드에 사진을 옮겨 스마트폰에 삽입해야 할 필요가 있으므로 가지고 있는 기종의 매뉴얼을 확인하세요.

클라우드 서비스로 공유한다

iCloud, Dropbox, Google 포토 등 클라우드 서비스로 인터넷에 사진을 올려서 공유하는 방법입니다. 같은 계정으로 컴퓨터와 스마트폰에서 로그인한 후 컴퓨터에서 클라우드에 사진을 업로드하면 스마트폰에서도 동기화된 사진을 볼 수 있습니다. 다만 무료 서비스는 사용할 수 있는 용량을 제한하는 경우가 많으며 금방 용량이 차게 됩니다. 대용량으로 사용하려면 유료 클라우드에 등록해야 합니다. 또한 클라우드에 업로드한 이미지가 압축되어 저장되는 경우가 많다는 데에도 주의가 필요합니다.

iCloud

Dropbox

Google 포토

03 카메라에서 직접 스마트폰으로 옮긴다

RAW 현상을 하지 않아도 충분히 완성도가 높은 사진을 찍은 경우나 스마트폰 앱으로 이미지를 보정할 때는 카메라에서 직접 스마트폰으로 옮기는 방법도 추천합니다. 이 경우에는 카메라 제조사가 제공하는 순정 앱을 사용해 이미지를 전송하는 것이 좋습니다. 대부분의 제조사가 공식 앱을 제공하고 있으며, Bluetooth나 Wi-Fi를 이용해 카메라에서 스마트폰으로 사진을 전송할 수 있습니다.

Nikon SnapBridge

Canon Camera Connect

Sony Imaging Edge Mobile

FUJIFILM Camera Remote

RICOH Image Sync

OLYMPUS Image Share

SECTION 06 인스타그램에 사진 올리기

스마트폰에 사진을 옮겼다면 드디어 인스타그램에 사진을 올릴 차례입니다. 인스타그램은 다른 SNS와 다르게 리트윗이나 공유처럼 게시글을 확산하는 기능이 없습니다. 이 때문에 많은 사람이 사진을 보게 만들려면 그저 사진을 올리는 데 그치지 않고 해시태그, 스토리 기능 등을 제대로 활용해야 하며, 사진을 올리는 순서에도 신경 쓰는 것이 좋습니다.

01 인스타그램에 게시한다

처음에는 기본적인 게시 방법을 알아봅시다. 인스타그램은 컴퓨터에서 사진을 올릴 수 없으므로 스마트폰이나 태블릿 등의 단말기에 인스타그램 앱을 설치해야 합니다. 앱에서 계정을 등록한 후에 단말기에 저장한 사진을 게시합시다.

우선 스마트폰에 인스타그램 앱을 다운로드합니다❶. 이메일 주소 등의 정보를 입력해 계정을 등록합니다❷.

계정 등록이 완료되면 화면 하단의 ⊞를 탭합니다❸.

스마트폰에 저장한 사진이 표시됩니다. 게시하고 싶은 사진을 탭한 후❹ '다음'을 탭합니다❺.

인스타그램에서도 필터를 입히거나 사진을 조정할 수 있습니다❻. 조정이 완료되면 '다음'을 탭합니다❼.

문구❽, 다른 인스타그램 계정의 태그❾, 사진을 찍은 장소❿, 동시에 게시할 다른 SNS 계정⓫ 등을 설정한 후에 '공유'를 탭합니다⓬.

타임라인에 사진이 게시되었습니다⓭. '좋아요'나 댓글이 달리거나, 새로운 팔로워가 생기면 화면 하단에 아이콘이 표시됩니다⓮.

02 인스타그램으로 일관된 분위기를 만든다

인스타그램에서는 그저 사진을 올리기만 해서는 팔로워가 늘지 않습니다. 인스타그램 이용자는 계정이 보여주는 일관된 분위기에 끌려서 팔로우 버튼을 누르는 경우가 많습니다. 일관된 분위기를 만들기 위해 섬네일이 주는 인상을 의식하며 사진을 올리도록 합시다. 프로필 페이지에 들어가면 지금까지 올린 사진의 섬네일 목록이 나타납니다.

아래 이미지는 이 책의 저자 3명의 인스타그램 섬네일입니다. haruyonakano는 요리를 대상으로 하고, moron_non은 올드 렌즈를 통한 부드러운 색감을 보여주며, 6151은 하늘이 보이는 구도 등 각각 통일된 분위기를 가지고 사진을 올림으로써 독자적인 분위기를 표현하고 있습니다. 다만 이런 사례에서는 자신이 좋아하는 사진을 올린 결과로써 일관된 분위기가 만들어지고 팔로워가 늘어난다는 것을 이해해야 합니다.

haruyonakano

요리를 촬영하는 일이 많아서 인스타그램 계정에도 요리 사진이 많습니다. 또한 RAW 현상으로 노란색을 제거하고 파란색을 가미해서 사진의 분위기도 전체적으로 비슷한 느낌이 되었고, 결과적으로 섬네일에 통일감이 생겼습니다.

moron_non

올드 렌즈로 촬영하면 마치 필름 같은 담백한 색조로 완성되어 한결 같은 인상이 생깁니다. 또한 상품을 촬영할 때는 사람을 넣어 촬영할 때가 많으며 모델의 표정과 동작을 자연스럽게 표현해서 일반 게시물과 광고 게시물을 구별하기 쉽지 않습니다.

6151

폭넓은 대상을 촬영하고 있지만, 계절이나 피사체, 색 등을 충분히 의식하고 사진을 게시했습니다. 또한 강한 느낌이나 어두운 사진 등 같은 분위기의 사진이 지나치게 연달아 나오지 않도록 신경 썼습니다.

03 해시태그를 이용한다

다른 SNS와는 다르게 인스타그램에는 '리트윗'이나 '공유' 등 다른 사람의 게시물을 확산하는 기능이 없습니다. 많은 사람이 사진을 보게 하기 위해서는 해시태그를 이용해야 합니다. 해시태그란 사진의 문구에 '#'를 달아서 단어를 입력해서 같은 해시태그가 달린 사진을 검색할 수 있는 기능입니다. 해시태그를 검색한 사람은 그 검색한 해시태그 안에서 공감한 사진에 '좋아요'를 누르거나 사진을 게시한 사람을 팔로잉하기도 합니다.

사진에 해시태그를 단다

해시태그를 다는 방법은 간단합니다. 102쪽❽에서 본 문구 입력 화면에서 앞에 '#'을 단 키워드를 입력하기만 하면 됩니다. 마침표나 쉼표, 띄어쓰기를 입력하면 키워드가 끝났다고 인식되며, 그 이후의 문자는 태그가 되지 않습니다.

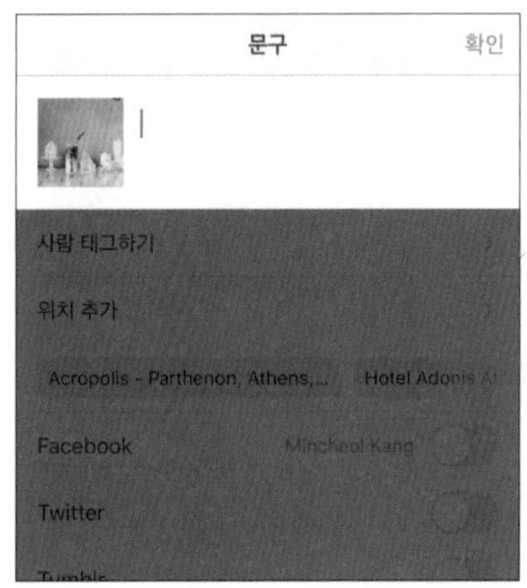

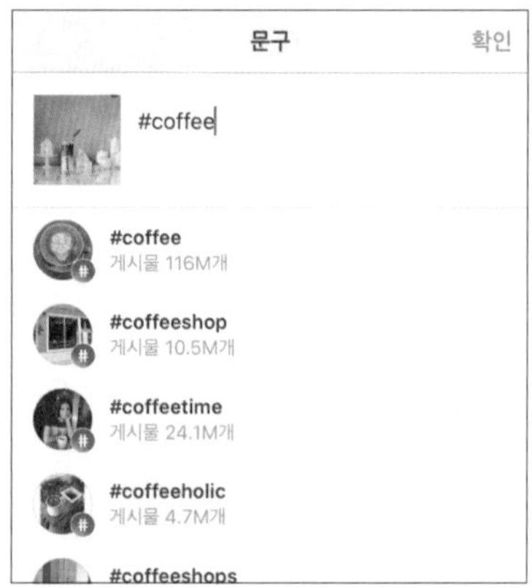

'#coffee'처럼 '#' 뒤에 키워드를 입력해 해시태그를 만듭니다. 한 장의 사진에 해시태그를 30개까지 달 수 있습니다. 그 이상 입력하면 게시할 때 문구가 전부 사라집니다. 또한 댓글에 해시태그를 올릴 수도 있습니다.

사용하는 해시태그의 종류

예를 들어 '#photography', '#고양이' 등은 매우 인기 있는 해시태그입니다. 이들 태그 중에는 게시물 수가 1억 개를 넘는 것도 있으며, 그런 태그를 단다고 하더라도 막대한 수의 사진 속에서 금방 묻혀버리고 맙니다. 따라서 게시물 수가 1만 개 전후의 '너무 많지도 너무 적지도 않은' 태그를 달고, 해당 키워드로 검색했을 때 인기 게시물 화면에 표시되기를 노립시다. 인기 게시물 화면에는 그 해시태그가 달린 사진 중에서 참여율이 높은 사진이 나열됩니다. 최근 게시물 화면은 해시태그가 달린 게시된 사진이 시간순으로 나열됩니다.

해시태그를 검색했을 때 인기 게시물 화면에 표시되면 그 태그 안에서 표시되는 기간이 길어지므로 많은 사람의 눈에 띄기 쉬워집니다. 예를 들어 '#oldlenses'는 게시물 수가 약 1.7만이므로, 게시물 수가 너무 많지도, 너무 적지도 않은 태그라고 할 수 있습니다.

04 스토리를 활용한다

스토리란 일반적인 게시물과는 다르게 사진이나 동영상을 24시간 한정으로 공개하는 기능입니다. 인스타그램의 타임라인 최상단에 표시되고, 문구가 필요하지 않으며, 시간이 한정되어 있다는 점에서 일반적인 게시물보다 가벼운 주제의 게시물이 많은 경향이 있습니다. 기업의 입장에서 스토리를 사용하면 실시간으로 촬영 현장이나 가게의 모습을 게시함으로써 소비자에게 더욱 친근감을 느끼게 할 수 있습니다. 그런 동영상을 올리면 현장의 상황을 보다 생생하게 전달할 수 있습니다.

스토리에 게시한다

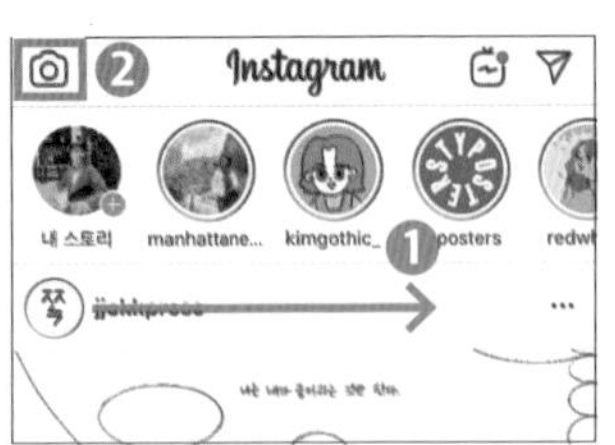

타임라인에서 화면을 오른쪽으로 슬라이드하거나❶, 왼쪽 상단의 '📷'를 탭합니다❷.

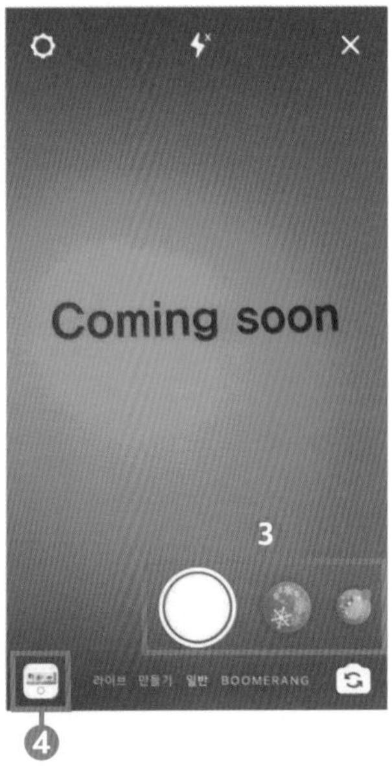

화면이 촬영 화면으로 바뀌며 사진이나 동영상을 촬영할 것인지❸, 스마트폰에 저장된 사진이나 동영상을 올릴 것인지❹를 선택합니다.
선택한 사진이나 동영상이 표시되므로, 문자나 GIF 이미지, 위치정보 등 임의의 정보를 입력한 다음에❺, '내 스토리'를 탭합니다❻. 이것으로 스토리 게시가 완료됩니다.

스토리는 생동감을 전한다

스토리에 담을 수 있는 정보는 사진과 동영상은 물론이고, 위치정보, 온도, GIF 애니메이션, 설문 등 다양합니다. 이러한 정보를 조합해 지금 어디에서 무엇을 하고 있는지를 전달하며 생동감을 표현하고 팔로워 사이에 일체감을 느끼게 할 수 있습니다.

다만 위치정보를 공유했을 때 사생활 침해 문제가 일어날 수 있으므로 주의가 필요합니다. 또한 팔로워가 1만 명(비공식 수치입니다)을 넘으면 스토리에 외부 사이트 링크를 붙일 수 있습니다.

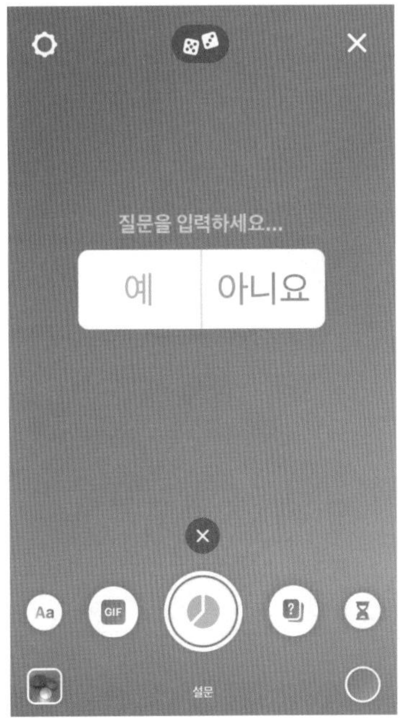

설문 기능은 팔로워와 교류할 때 유용한 도구입니다. 설문뿐만 아니라 질문을 모집할 수도 있습니다.

생동감을 전달하기 위해 상품 촬영과 직접 관계되지 않은 장면을 올리는 것도 좋은 방법입니다. 어디에서 무엇을 하고 있는지를 게시해 더욱 인간미가 느껴지게 할 수 있습니다.

Hægri umferð.
Akið varlega!
Gos í
Eyjafjallajökli
Hikers

CHAPTER

3

매력적인 사진을 완성하는 사진 보정

상품 사진에서 빼놓을 수 없는 것이 촬영 후의 RAW 현상 작업입니다.
촬영할 때 미처 조정하지 못했던 노출이나 색조를 바꾸거나
필터 등을 입혀서 사진의 완성도를 높입니다.
이 책에서는 Adobe Lightroom Classic을 이용해 설명합니다.

SECTION

01 RAW 현상의 기본 조작 익히기

상품 사진을 보정할 때는 주로 RAW 현상 소프트웨어를 사용합니다. 밝기나 색은 물론, 미묘하게 어긋난 수평·수직도 보정할 수 있습니다. 이 책에서는 Adobe사가 제공하는 Lightroom Classic을 사용해 설명했지만, 카메라 제조사가 제공하는 순정 소프트웨어를 이용해도 문제없습니다.

01 사진을 라이브러리에 불러온다

Lightroom에서 사진을 보정하기 위해서는 먼저 보정할 사진을 라이브러리에 불러와야 합니다. Lightroom에서는 JPEG 데이터를 보정할 수도 있지만, RAW 데이터 쪽이 화질 손실을 줄이면서 보정할 수 있습니다. 따라서 촬영 시에 RAW 데이터로 저장하는 것을 추천합니다.

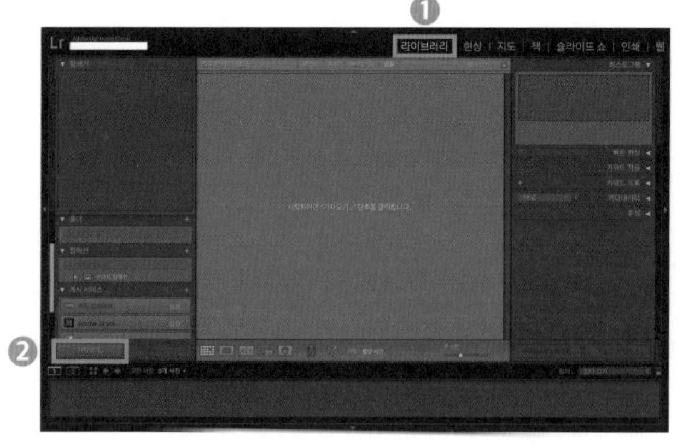

'라이브러리' 탭이 선택된 것을 확인하고 ❶, '가져오기'를 클릭합니다❷.

가져올 사진이 저장된 폴더를 선택하고 ❸, 가져오고 싶은 사진에 체크한 후에❹, '가져오기'를 클릭합니다❺.

라이브러리에서 사진을 확인할 수 있습니다❻.

'현상' 탭을 클릭하면❼, 사진의 상세 보정이 가능한 화면으로 바뀝니다. 오른쪽의 팔레트를 조작해❽, 사진을 보정합니다.

02 밝기를 보정한다

Lightroom에서 밝기를 보정하는 기능에는 단순히 사진 전체의 밝기를 조정하는 '노출', 밝은 부분이나 어두운 부분만을 보정하는 '밝은 영역', '어두운 영역', '흰색 계열', '검정 계열'이 있습니다. 이들은 화면 오른쪽 팔레트의 슬라이더를 조작해 조정할 수 있습니다.

노출

노출 ❶ 0.00

'노출' 슬라이더를 오른쪽으로 이동합니다❶.

노출 + 0.25

사진 전체가 밝아졌습니다❷. 왼쪽으로 이동하면 사진 전체가 어두워집니다.

밝은 영역/어두운 영역

밝은 영역 ❶ 0

'밝은 영역' 슬라이더를 왼쪽으로 이동합니다❶.

밝은 영역 – 30

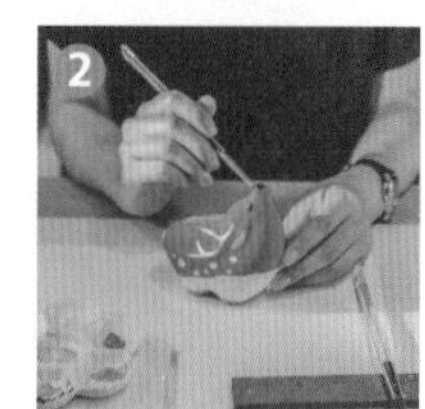

사진의 밝은 부분만 어두워집니다❷. '어두운 영역'에서 동일하게 조작하면 어두운 영역의 밝기를 보정할 수 있습니다.

흰색 계열/검정 계열

흰색 계열 ❶ 0

'흰색 계열' 슬라이더를 왼쪽으로 이동합니다❶.

흰색 계열 – 50

사진의 흰 부분만 어두워집니다❷. '검정 계열'에서 동일하게 조작하면 검은 영역 부분의 밝기를 보정할 수 있습니다.

03 색을 보정한다

Lightroom에서의 색 보정은 크게 나누어 색감을 바꾸거나 채도를 바꾸는 두 가지 방법이 있습니다. 색감은 주로 화이트 밸런스를 이용해 변경합니다. '기본' 탭의 '흰색 균형'이라는 항목을 조작합니다. 채도를 바꾸려면 '기본' 탭의 '외관'을 선택하고, '생동감', '채도'의 슬라이더를 조작합니다. 한편 색은 밝기를 보정한 후에 바꾸는 것이 좋습니다. 색은 밝기에 영향을 받는 요소이며, 밝기가 밝아지면 색이 옅어지고 어두워지면 색이 진해집니다. 먼저 색을 보정한 후에 밝기를 보정하면 전체적인 사진의 인상이 달라져버릴 수 있습니다.

화이트 밸런스

Lightroom의 '흰색 균형'은 카메라의 화이트 밸런스와 같은 기능입니다. 다만 프리셋의 이름이나 구체적인 색감은 Adobe사의 독자적인 사양에 맞춰집니다. '기본' 탭의 '흰색 균형'에서 조정할 수 있습니다.

화면 오른쪽 팔레트 안에 '흰색 균형'을 조작하는 항목이 있습니다.

프리셋으로 색감을 바꾼다

'흰색 균형'에서 '원본값'을 클릭하면❶ 프리셋으로 들어 있는 화이트 밸런스의 모드가 표시됩니다❷.

임의의 모드를 선택하면❸ 사진의 색감이 변경됩니다❹.

화이트 밸런스의 기준이 되는 색을 설정한다

'흰색 균형 선택'을 클릭합니다❶.

사진에서 기준으로 삼고 싶은 포인트를 클릭합니다❷.

클릭한 포인트가 흰색이 되도록 색감이 보정됩니다❸.

'색온도'와 '색조'를 사용한다

'흰색 균형'의 '색온도'나 '색조'를 사용하면 사진의 색감을 세밀하게 보정할 수 있습니다. 슬라이더를 좌우로 움직이거나❶, 수치를 직접 입력합니다❷.

설정을 변경함으로써 사진 전체의 색감이 보정되었습니다❸.

채도를 보정한다

사진의 채도는 '기본' 탭의 아래 부분에 있는 '외관'이라는 항목의 '생동감' 혹은 '채도'❶ 슬라이더를 좌우로 움직여 보정합니다.

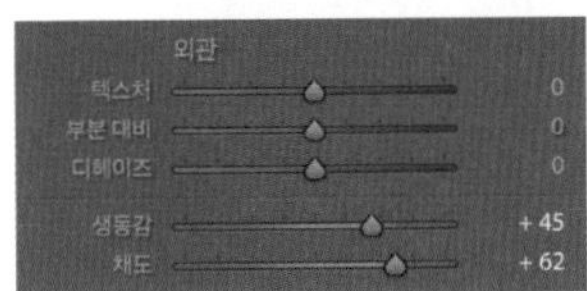

설정을 변경함으로써 채도가 보정되어 사진의 색이 더 선명해졌습니다❷.

〈 생동감과 채도의 차이 〉

채도는 사진 전체의 색을 보정하지만 생동감은 사진에서 채도가 낮은 색에만 작용합니다. 예를 들어 빨간색은 선명하지만 노란색은 칙칙한 사진의 경우, 채도를 높이면 노란색과 빨간색 모두 채도가 높아지지만, 생동감에서는 빨간색은 거의 달라지지 않고 노란색만 선명해집니다.

생동감+50

채도+50

04 콘트라스트를 보정한다

콘트라스트란 사진의 명암 차이를 말합니다. 밝은 부분과 어두운 부분의 차이가 크면 '콘트라스트가 높다'고 하며 또렷하고 딱딱한 인상이 됩니다. 반대로 차이가 작으면 '콘트라스트가 낮다'고 하며 부드러운 인상이 됩니다. 밝은 부분과 어두운 부분을 각각 조정할 수도 있습니다(→96쪽). 콘트라스트는 밝기와 색감의 보정을 끝내고 난 후에 마지막에 보정하는 것이 좋습니다.

원본 사진

낮은 콘트라스트

높은 콘트라스트

슬라이더로 보정한다

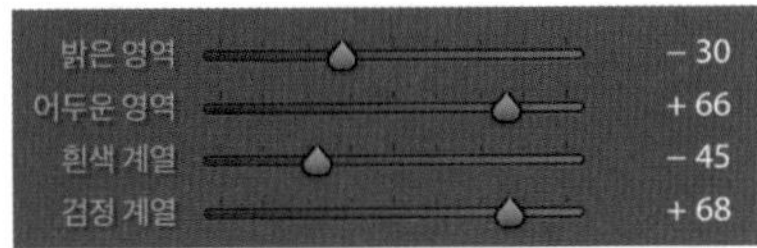

밝기 슬라이더

'밝은 영역', '어두운 영역', '흰색 계열', '검정 계열'의 각 슬라이더를 조작해서 콘트라스트를 보정할 수 있습니다. '밝은 영역'을 보다 밝게, '어두운 영역'을 보다 어둡게 하면 콘트라스트는 높아지며, 반대로 조작하면 콘트라스트가 낮아집니다. '흰색 계열', '검정 계열'도 마찬가지입니다.

대비

'기본' 탭의 '톤' 안에 '대비' 슬라이더가 있습니다. '대비' 슬라이더를 좌우로 이동함으로써 콘트라스트를 보정할 수 있습니다.

톤 곡선으로 보정한다

톤 곡선이란 사진의 톤을 세밀하게 보정하기 위한 그래프입니다. 대각선으로 그려진 선을 움직임으로써 사진의 명암을 바꿀 수 있습니다. 콘트라스트를 높이는 보정은 'S자 커브'라고 하며 선을 S자 형태로 만들어 보정합니다. 콘트라스트를 낮추는 보정은 '역S자 커브'라고 하며 뒤집어진 S자 형태로 만들어 보정합니다.

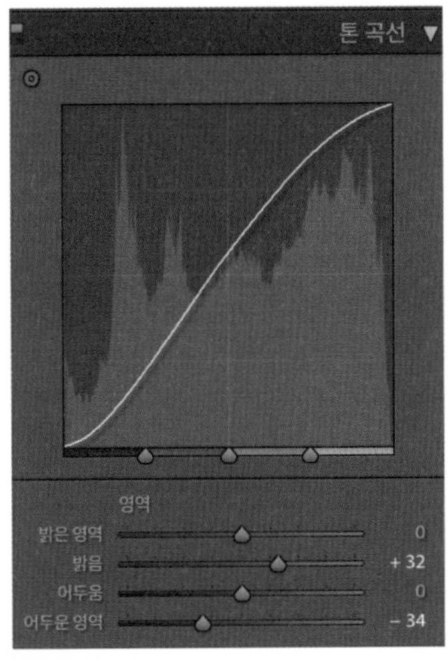

S자 커브

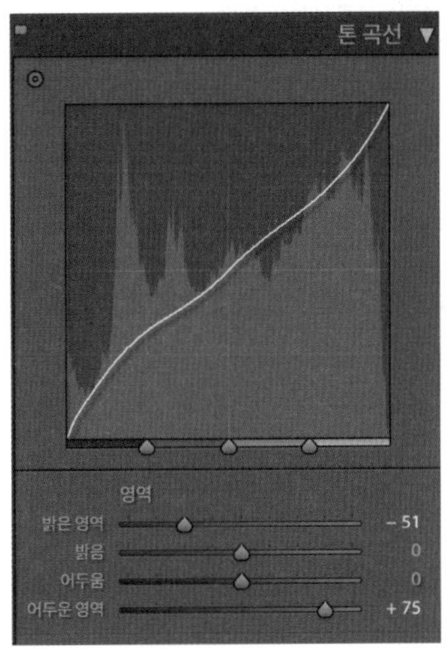

역S자 커브

05 사진의 범위나 각도를 보정한다

사진의 범위나 각도는 원래 촬영 시에 제대로 맞춰서 촬영하는 것이 이상적입니다. 하지만 촬영 조건에 따라 도저히 수평·수직을 똑바로 잡을 수 없는 경우나 구도를 우선하다가 화면 끝에 불필요한 것이 담기는 경우가 있습니다. 그럴 때는 Lightroom에서 사진의 일부 범위를 자르거나 각도를 회전해서 보정하면 됩니다. 부감으로 찍은 사진 혹은 정면에서 찍은 사진 중에 예상과 다르게 구도가 틀어진 경우에 활용하면 좋습니다.

'오버레이 자르기'로 트리밍한다

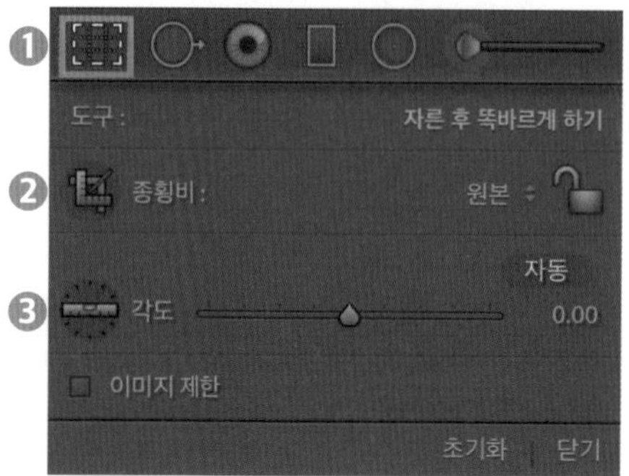

'오버레이 자르기'를 클릭하면❶, 화면에 트리밍 선이 표시됩니다. 팔레트에서 사진의 종횡비❷나 회전 각도❸ 등을 바꿀 수 있습니다.

격자선을 기준으로 임의의 범위를 트리밍합니다❹.

'변환' 탭에서 각도를 보정한다

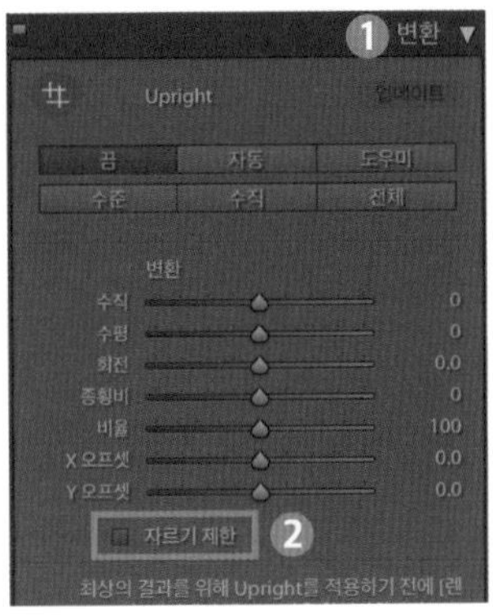

'변환' 탭을 열어서❶, '자르기 제한'❷에 체크합니다.

수평 • 수직 방향으로 변환한다

수직 3 + 41

'수직' 슬라이더를 오른쪽으로 움직이면❸, 사진의 상부가 오그라드는 것처럼 보정됩니다❹. 슬라이더를 반대로 움직이면 하부가 오그라듭니다.

'수평' 슬라이더를 오른쪽으로 움직이면❺, 사진의 왼쪽이 오그라드는 것처럼 보정됩니다❻. 슬라이더를 반대로 움직이면 오른쪽이 오그라듭니다.

사진을 회전한다

회전 3 + 2.3

'회전' 슬라이더를 오른쪽으로 움직이면❸, 사진이 오른쪽 방향으로 회전합니다❹.

슬라이더를 왼쪽으로 움직이면❺, 왼쪽 방향으로 회전합니다❻.

06 먼지나 노이즈를 제거한다

렌즈에 먼지가 묻거나 높은 ISO 감도에서 촬영했을 때 노이즈가 생기면 사진의 분위기가 훼손될 수 있습니다. 이런 노이즈는 가능한 한 제거하는 편이 좋습니다. 다만 과도한 수정은 부자연스러운 인상을 줄 수 있습니다. 예를 들어 노이즈를 너무 많이 제거하면 사진의 해상도가 떨어질 수 있습니다. 촬영 시에 먼지나 노이즈가 없는지를 제대로 확인하고, RAW 현상에서는 최소한으로 처리합시다.

먼지를 제거한다

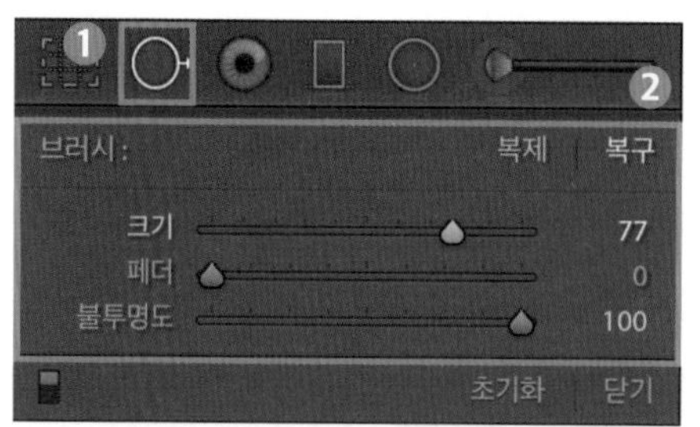

상부의 '얼룩 제거'를 클릭하고❶, '브러시'의 크기나 불투명도 등을 설정합니다❷.

먼지를 제거하고 싶은 부분을 드래그합니다❸.

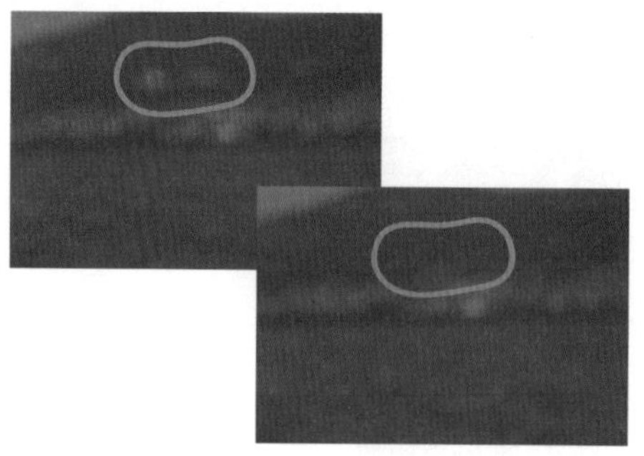

드래그한 부분의 바로 옆 부분이 복사되어 드래그한 부분에 붙는 형태로 수정됩니다❹.

노이즈를 줄인다

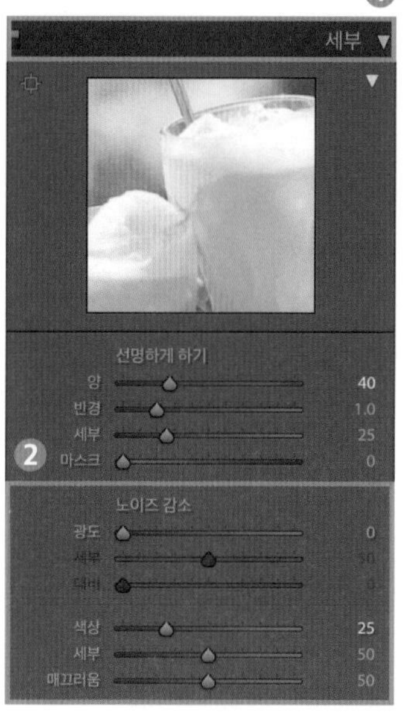

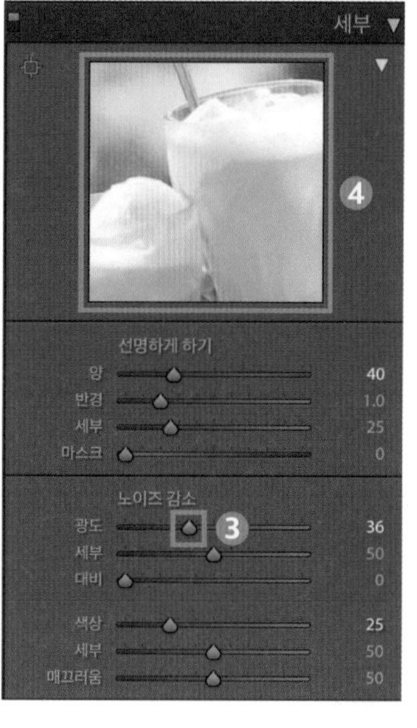

'세부' 탭을 열어서❶, '노이즈 감소'에 있는 항목을 바꿉니다❷.

'광도' 슬라이더를 오른쪽으로 움직이면❸, 사진에서 빛이 비친 부분의 노이즈가 감소됩니다❹.

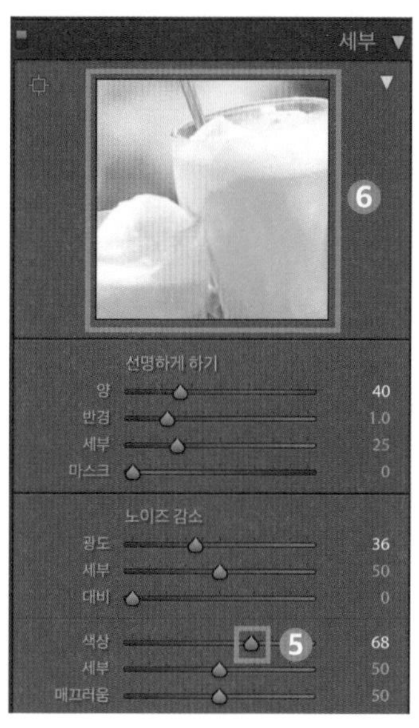

'색상' 슬라이더를 오른쪽으로 움직이면❺, 사진의 색상 노이즈가 감소됩니다❻.

07 사전 설정을 이용한다

지금까지 세밀한 보정 방법을 소개했지만, 간단히 Lightroom에 이미 등록된 사전 설정을 이용할 수도 있습니다. '색상', '크리에이티브', '흑백' 등이 있으며, 임의의 모드를 클릭하는 것만으로도 사진의 인상을 바꿀 수 있습니다. 인터넷상에서는 사진가가 자신이 직접 만든 사전 설정을 공개하기도 하며, 카메라 제작사가 독자적인 사전 설정을 판매하기도 합니다. 이런 사전 설정을 다운로드해 이용해도 좋습니다. 물론 사전 설정을 적용한 후에 추가로 세밀하게 보정할 수도 있습니다.

사전 설정을 이용한다

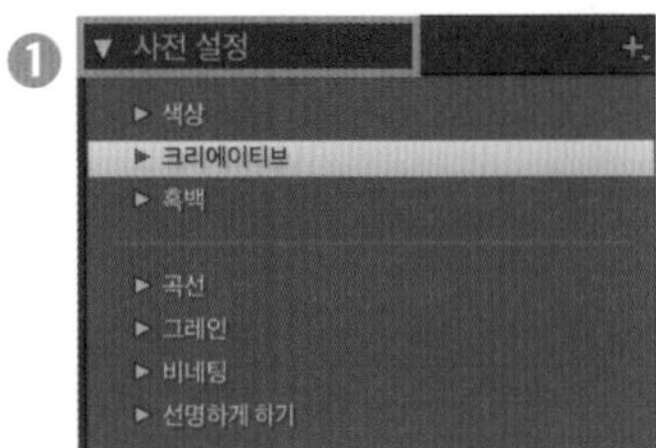

화면 왼쪽의 '사전 설정' 탭을 열어서❶, 각 사전 설정을 표시합니다.

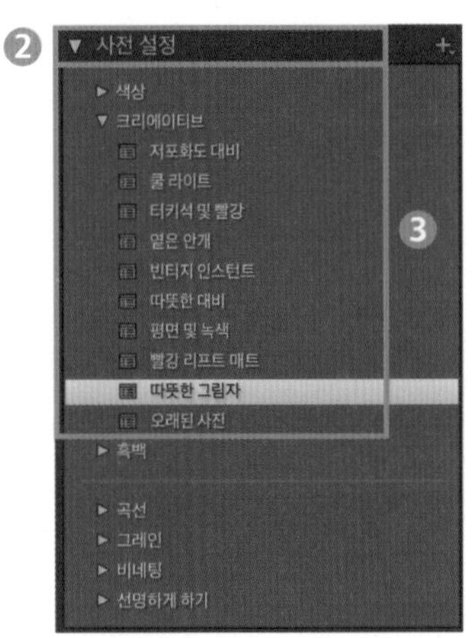

각 항목을 클릭하면❷ 더욱 세세하게 분류된 사전 설정이 표시됩니다❸. 임의의 모드를 선택해 사진에 적용합니다.

사진 설정을 저장한다

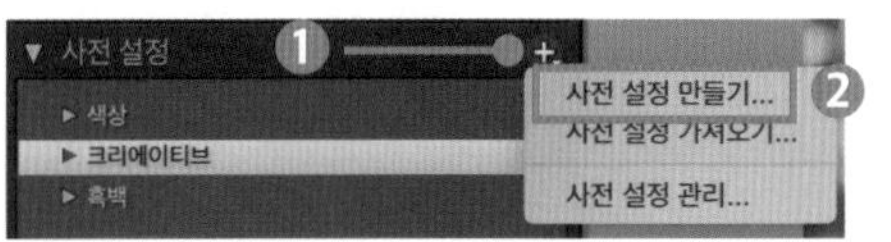

자신이 사진을 보정한 설정 내용을 사전 설정으로 저장할 수도 있습니다. '사전 설정' 탭 오른쪽의 '+'를 클릭한 후에 ❶, '사전 설정 만들기'를 클릭합니다❷.

❸

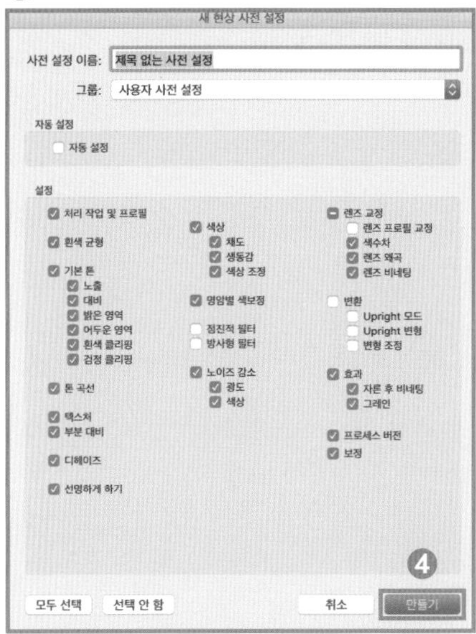

저장하고 싶은 보정 내용을 선택하는 화면이 표시됩니다 ❸. 여기서 임의의 항목을 고르고 '만들기'를 클릭합니다❹.

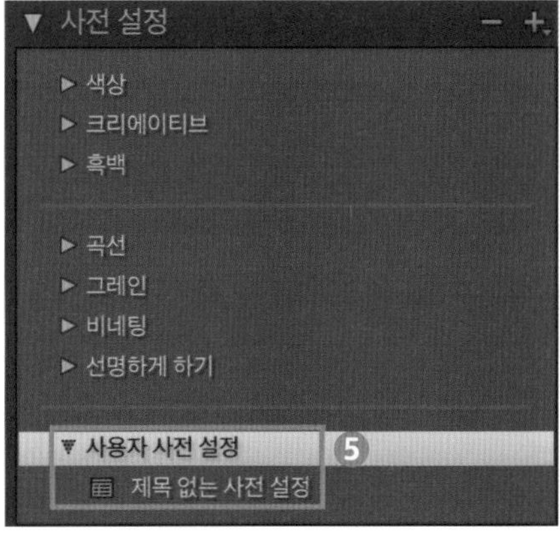

'사전 설정' 탭의 아래에 앞에서 만든 '사용자 사전 설정'이 표시됩니다❺.

사전 설정을 불러온다

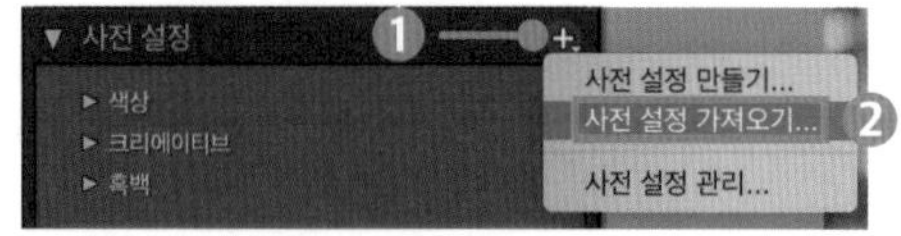

인터넷에서 다운로드한 사전 설정 데이터를 불러옵니다. '사전 설정' 탭 오른쪽의 '+'를 클릭한 후에❶, '사전 설정 가져오기'를 클릭합니다❷.

데이터 선택 화면이 표시되므로, 불러올 데이터를 선택해❸, '가져오기'를 클릭합니다❹.

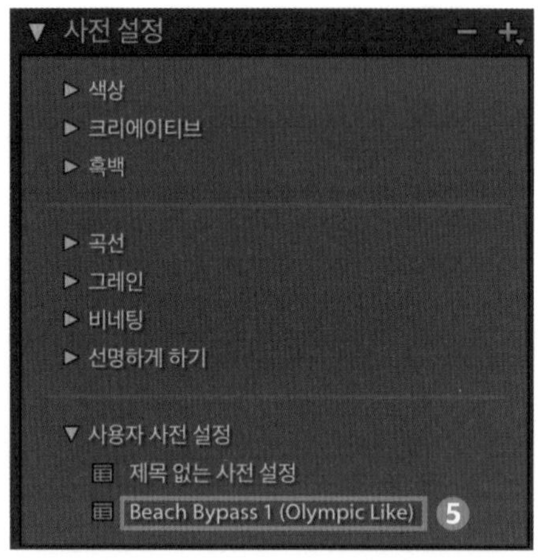

'사전 설정' 탭에 불러온 데이터가 반영됩니다❺.

SECTION 02

역광 장면 부드럽게 다듬기

역광 장면에서는 밝은 부분과 어두운 부분의 명암 차가 생기기 쉽습니다. 상품에 그림자가 져서 어둡게 보이면 어두운 부분을 밝게 보정해야 합니다. 여기에서는 역광 때문에 그림자가 생긴 신발을 밝게 보정해봅니다. 또한 가을과 겨울에도 따뜻한 신발의 이미지를 연출하기 위해 붉은 기를 더해서 사진 전체에 따뜻함을 표현했습니다.

Before

After

창문에서 빛이 들어왔기에 모델이 신은 신발이 어둡게 보여 밝게 보정했습니다. 또한 전체적으로 주황색에 가까운 붉은 기를 가해서 따뜻함을 표현해봤습니다.

STEP 01

우선 신발과 모델을 적정 노출로 바꾸려고 '노출'을 높였습니다.

STEP 02

밝은 영역 - 100

배경이 너무 밝아져서 '밝은 영역'을 최소치까지 내렸습니다.

STEP 03

'어두운 영역'을 높여서 신발과 모델의 어두운 부분만 밝게 보정합니다.

STEP 04

다음으로 '색온도'를 높여서 붉은 기를 더해 사진 전체에 따뜻함을 높입니다.

STEP 05

생동감 – 16

전체가 너무 붉어지기도 했고 조금 은은한 분위기를 내려고 '생동감'을 낮췄습니다.

STEP 06

마지막으로 '검정 계열'을 낮춰서 바로 앞에 있는 신발을 진하게 보정했습니다.

SECTION

03 수평·수직 맞추기

실내 배경이나 테이블의 가장자리 등 수평·수직에 맞게 보정하는 패턴을 살펴보겠습니다. 촬영 시에 전부 맞춘 채로 촬영하는 것이 가장 좋겠지만, 맨눈으로만 보면 완벽하게 맞추기 어려울 때가 있습니다. 이럴 때는 Lightroom의 기능을 사용해 수평·수직을 보정합시다. 한편 여기에서는 유료 사전 설정 'RNI FILMS 4 Vintage - PRO'를 사용해 밝기나 색감을 보정하고 있습니다.

Before

After

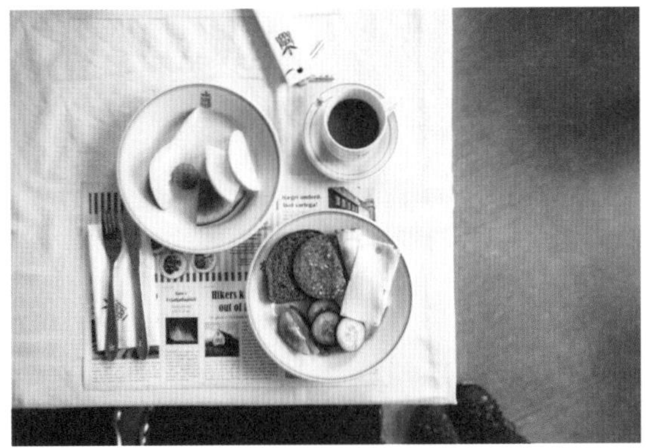

아침 식사 장면을 촬영했습니다. 카메라를 손에 들고 급하게 촬영했기 때문에 테이블에 평행이 맞지 않았고 각도도 틀어졌습니다. 이것을 보정해봅시다.

STEP 01

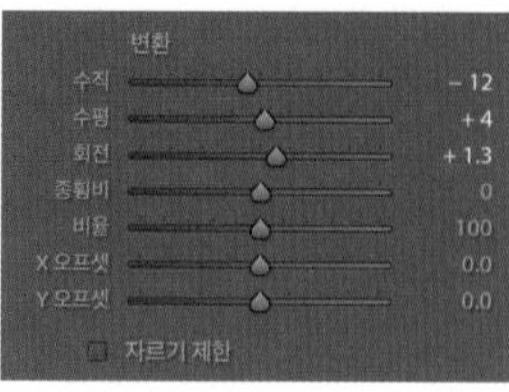

'변환' 탭에서 수직, 수평, 회전의 각 설정을 바꾸어 바로 위에서 내려다보는 각도로 보정합니다.

STEP 02

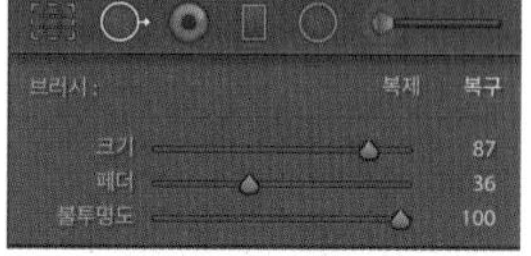

왼쪽 윗부분과 왼쪽 아랫부분에 불필요한 부분은 '브러시' 도구로 없앱니다.

STEP 03

이제 노출과 색의 보정에 들어갑니다. http://reallyniceimages.com/에서 'RNI FILMS 4 Vintage - PRO'를 구입해 불러온 후에, 'Agfacolor 40s'를 적용합니다.

STEP 04

사전 설정을 적용하면 밝기가 보정됩니다. '기본' 탭에서 '디헤이즈'를 높여서 채도를 높입니다.

STEP 05

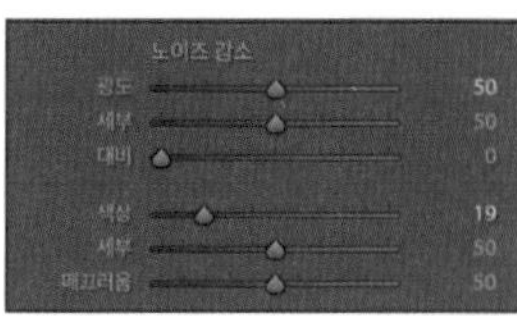

필름 느낌의 사전 설정을 사용하다 보니 노이즈가 너무 많이 생기고 말았습니다. '노이즈 감소'를 높입니다.

STEP 06

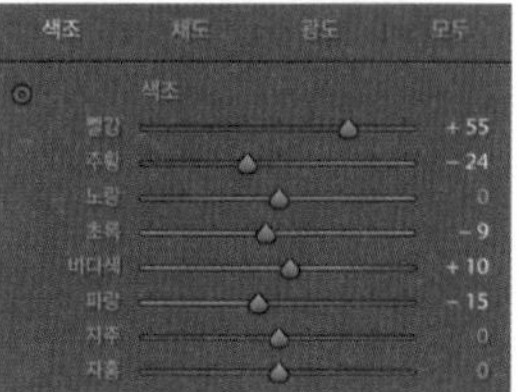

'HSL/컬러' 탭의 '색조'에서 빨강의 채도를 높이고, 다른 색을 미세 조정해 완성합니다.

SECTION

04 요리 사진 보정하기

요리 사진은 맛있어 보이게 하는 것이 가장 중요합니다. 역광이나 측광으로 촬영한 경우 광원의 반대쪽이 어두워지기 쉽습니다. 요리에 진한 그림자가 지면 맛있어 보이지 않으므로 밝게 보정합니다. 또한 밝게 보정하면 색이 조금 옅어지는 경향이 있기에 '생동감'과 '디헤이즈' 등을 사용해 색을 더합시다.

Before

After

역광으로 촬영했기에 요리 앞쪽에 그림자가 생겨서 어두운 상태입니다. 그림자 진 부분이 밝아지도록 보정한 후에 색을 추가로 보정해 마무리했습니다.

STEP 01

어두운 영역

'톤'의 '어두운 영역'을 올려서 요리의 어두운 부분을 밝게 보정합니다.

STEP 02

생동감

배경도 함께 밝아져서 조금 옅은 인상이 되었기에 '외관'의 '생동감'을 약간 올립니다.

STEP 03

디헤이즈

요리가 너무 선명해져서 억지스러운 색이 되는 것을 방지하기 위해 사진의 전체적인 색 밸런스를 잡아줍니다. '외관'의 '디헤이즈'를 높여 배경을 조금 선명하게 합니다.

STEP 04

마지막으로 'HSL/컬러' 탭의 '색조'에서 초록만을 보정해 완성했습니다.

〈 '디헤이즈'를 활용한다 〉

'디헤이즈'는 뿌연 사진을 깨끗하게 만드는 기능입니다. 뿌옇고 긴장감이 없는 사진을 일본에서는 '졸린 사진'이라고 표현하는데, 이런 '졸린' 상태를 해소합니다. 상품 촬영에도 적용할 수 있는 기능으로, '생동감'과는 다른 맑은 느낌을 연출할 수 있습니다.

↓

SECTION

05 실내 사진 보정하기

실내 사진에서는 기준이 되는 선이 똑바로 뻗어 있어야 합니다. 기둥이나 천장의 선 중 하나를 기준으로 정하고 선이 가지런히 정돈되도록 보정합니다.

Before

After

실내를 넓게 촬영하면 사진이 한쪽으로 기운다거나 광각 렌즈에 의해 왜곡이 발생할 수 있으므로 기울기나 왜곡을 보정합니다. 노란 기를 제거해 차가운 인상으로 바꾸고 콘트라스트를 보정해 전체적으로 밝게 완성했습니다.

STEP 01

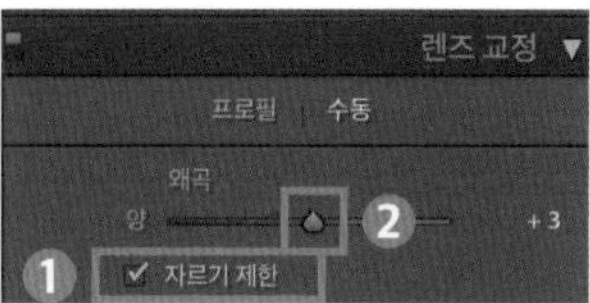

'렌즈 교정' 탭의 '수동'을 선택하고 '자르기 제한'에 체크한 후❶, '왜곡'을 +3❷, '변환' 탭의 '수직'을 -1로 설정했습니다❸.

STEP 02

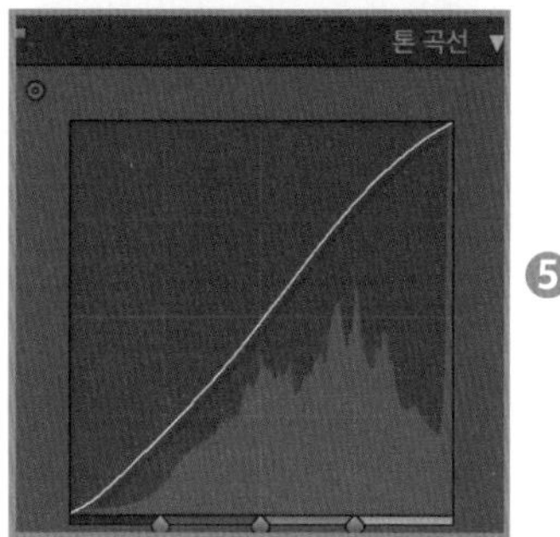

'기본' 탭의 '톤'에 있는 각 항목을 조정합니다❹. '노출'을 +0.15, '대비'를 +25, '밝은 영역'을 -40, '어두운 영역'을 +100, '흰색 계열'을 -10으로 보정하고 '톤 곡선'도 보정했습니다❺.

STEP 03

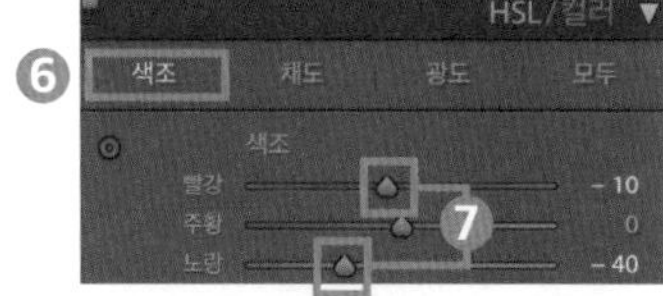

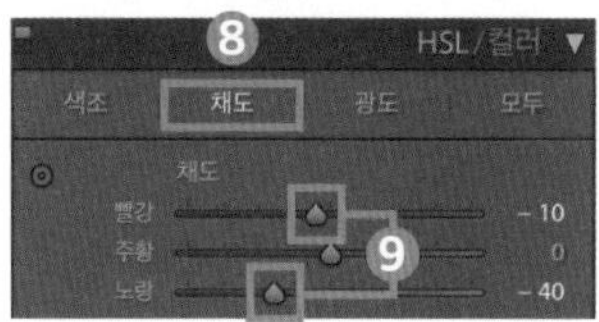

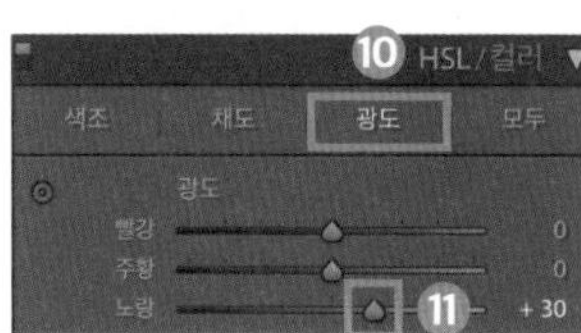

'HSL/컬러' 탭의 '색조'❻에서 '빨강'을 -10, '노랑'을 -40❼, '채도'❽에서 '빨강'을 -10, '노랑'을 -40❾, '광도'❿에서 '노랑'을 +30으로 설정합니다⓫.

STEP 04

'기본' 탭의 '외관'에서 '부분 대비'를 +10⓬, '디헤이즈'를 +3으로 설정하고⓭, '세부' 탭의 '선명하게 하기'를 45⓮, '노이즈 감소'를 46으로 설정해서⓯ 마무리합니다.

SECTION

06 노란 기를 덜어내어 차가운 느낌으로 보정하기

디지털카메라의 색감은 기본적으로 실제 겉모습보다 화려하게 표현됩니다. 화려한 사진은 보는 사람의 인상에 남기 쉽지만, 필요 이상으로 지나쳐 보일 때도 있습니다. 카메라 제조사나 기종에 따라서는 특정한 색이 너무 강하게 드러날 때도 있으므로 자신이 보유한 카메라의 특징을 파악하고 그에 맞춰서 보정합시다.

Before

After

흰 배경을 대부분 아웃포커싱 처리해 주제와의 대비를 노렸지만, 흰 부분에 섞여 있는 노란 기가 신경 쓰였습니다. 이 노란 기를 없애고, 파란 기를 조금 더해서 주제와의 대비를 더욱 명확하게 강조했습니다.

STEP 01

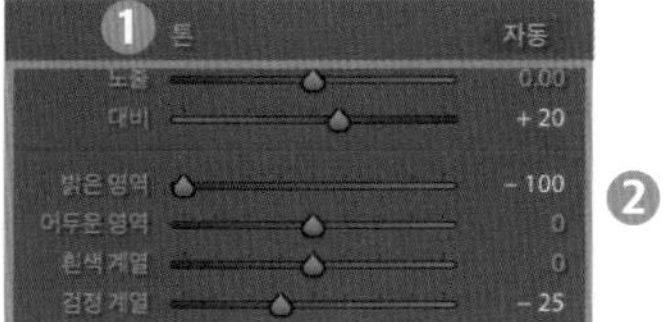

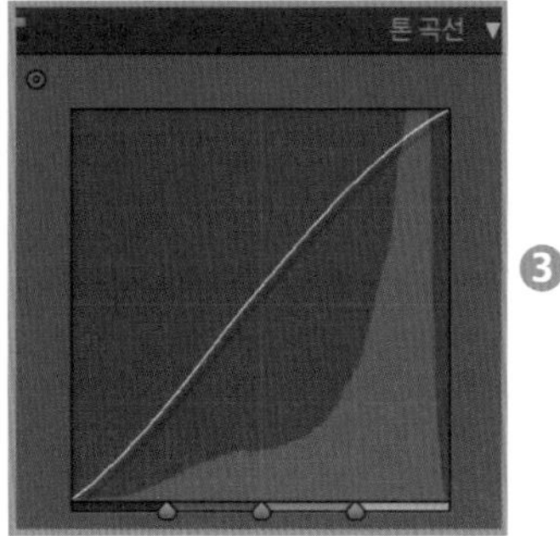

'기본' 탭의 '톤'❶에서 '대비'를 +20, '밝은 영역'을 -100, '검정 계열'을 -25로 설정하고❷, '톤 곡선'을 미세 조정했습니다❸.

STEP 02

다음으로 '색상'의 '색온도'를 +3976으로 낮추고❹, '색조'를 +9로 설정해서❺, 사진 전체의 노란 기를 억누르고 차가운 인상으로 바꿉니다.

STEP 03

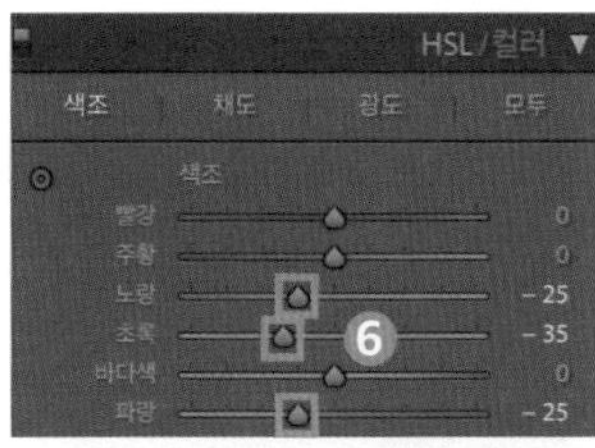

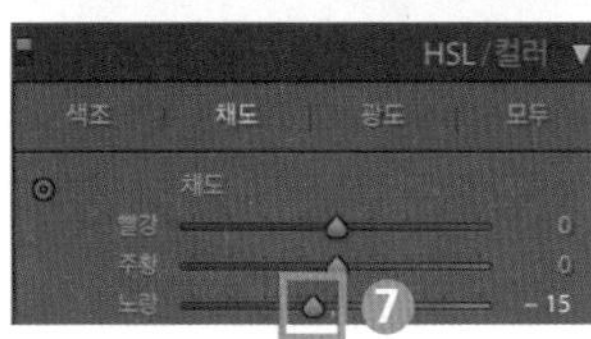

'HSL/컬러' 탭의 '색조'❻에서 '노랑'을 -25, '파랑'을 -25, '초록'을 -35로 설정하고, '채도'❼에서 '노랑'을 -15로 설정합니다.

STEP 04

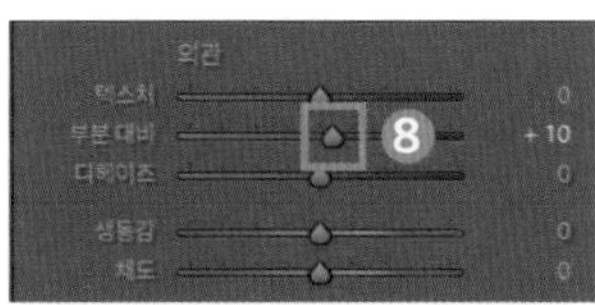

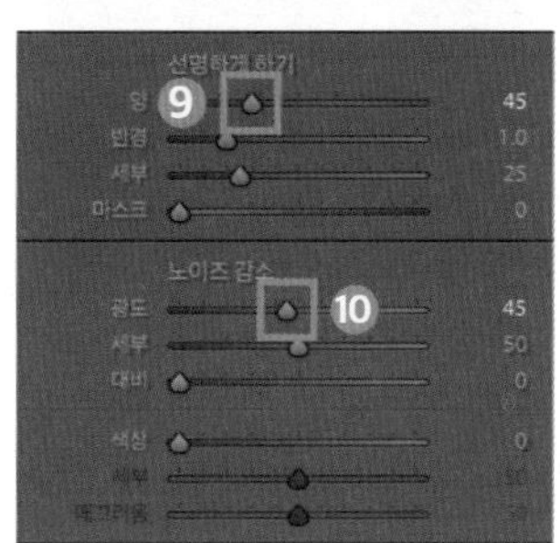

'기본' 탭의 '외관'에서 '부분 대비'를 +10으로❽, '세부' 탭에서 '선명하게 하기'의 '양'을 45로❾, '노이즈 감소'의 '광도'를 45로 해❿ 마무리합니다.

CHAPTER
4
상품 종류에 따른 사진 촬영 노하우

잡화, 액세서리, 옷과 같이 구체적인 피사체에 따른 촬영 테크닉을
'주제와 부제', '빛', '구도', '사진 보정'
네 가지 포인트로 설명합니다.
피사체에 따라 적합한 장면이나 타깃층을 살펴봅시다.

SECTION

01 잡화

POINT

○ 질감, 윤곽, 분위기를 알 수 있도록 촬영한다
○ 측광으로 그림자를 만들어 입체감을 연출한다
○ 부감 촬영을 할 때는 같은 높이의 상품을 모은다
○ 주제와 부제는 배치나 색으로 표현한다

haruyonakano

잡화 사진은 무엇보다 질감과 윤곽, 분위기 등을 파악할 수 있도록 찍는 것이 중요합니다. 그러기 위해서는 측광으로 그림자를 만들어 입체감을 표현해야 합니다. 부감 촬영 시 여러 개의 피사체를 담는 경우에는 가능하면 높이가 같은 상품을 모으는 것이 좋습니다. 높은 것과 낮은 것이 뒤섞여 있으면, 초점이 맞는 부분과 맞지 않는 부분이 생길 수 있습니다. 또한 주제와 부제는 배치나 색으로 구별하는 것이 좋습니다.

비스듬한 선으로 움직임을 만든다

상품을 나란히 놓음으로써 선을 만들어 통일감을 내면서도, 비스듬하게 찍어서 움직임을 만들었습니다. 피사체가 많으면 색도 늘어나기 때문에 배경색은 검은색이나 흰색을 골라서 색의 수를 줄이는 것이 좋습니다. 또한 검은색 배경은 현상 과정에서 어두운 영역을 어둡게 해 진하게 마무리함으로써 검은 배경에 상품이 붕 떠 있는 것처럼 연출했습니다.

POINT

- ○ 방향과 선으로 통일감을 표현한다
- ○ 비스듬하게 찍어서 움직임을 더한다
- ○ 배경의 검은색은 현상 작업을 통해 어둡게 한다

Main / Sub 주제와 부제

중앙에 놓인 초콜릿이 주제지만 그 밖에도 직선적이고 비슷한 높이를 가진 부제를 늘어놓아 일부러 주제를 숨기고 있습니다.

Light 빛

사진의 왼쪽 하단에서 오른쪽 상단을 향해 사광이 비치고 있습니다. 배경이 어두워서 그림자는 눈에 띄지 않지만, 부드러운 빛이 알맞은 정도의 입체감을 표현하고 있습니다.

Layout 구도

상품의 선과 공간을 나란히 배치해 통일감을 내고, 비스듬히 사진을 찍어서 움직임도 더했습니다. 피사체의 가장자리를 잘라서 화면 밖으로 펼쳐지는 느낌도 만들었습니다.

RAW 사진 보정

배경으로 검은 테이블을 골랐기에 이 검은색이 거의 보이지 않을 정도로 어두운 영역을 어둡게 해, 평면적인 배경에서 상품이 돋보이게 했습니다.

NG

피사체의 배치에 통일감이 없으며 여백이 여기저기 생겨나서 균형감이 없고 그다지 보기 좋지 않은 구도가 되었습니다. 피사체의 선이나 여백에 통일감을 부여하는 것이 좋습니다.

haruyonakano

형태가 비슷한 피사체를 늘어놓고 화면에 통일감과 움직임을 만든다

회색 테이블보를 깔고 커틀러리를 촬영했습니다. 형태가 비슷한 식기를 늘어놓아 통일감을 표현했습니다. 비스듬하게 배치하고 가장자리에 있는 피사체를 일부러 잘라냄으로써 화면 속의 움직임을 드러냈습니다. 이 커틀러리는 부제로도 사용할 수 있지만, 여기에서는 주제로 삼아 촬영했습니다.

POINT

- 형태가 비슷한 식기를 늘어놓아 통일감을 낸다
- 비스듬하게 배치하고 가장자리의 피사체를 잘라내어 움직임을 만든다
- 부제로도 사용할 수 있는 식기를 주제로 삼아 촬영한다

Layout 구도

비스듬히 놓음으로써 화면에 흐름을 만들었습니다. 대상을 전부 드러내면 너무 딱딱한 사진이 되므로, 가장자리의 나이프와 스푼을 잘라냈습니다.

RAW 사진 보정

현상에서는 어두운 영역을 조금 어둡게 하고 밝은 영역의 색이 날아가는 것도 억제했습니다. 전체적으로 어둡게 마무리해 차분한 분위기를 만들었습니다.

haruyonakano

리스를 손에 들고 단순하게 찍는다

리스를 다른 사람에게 들게 한 후에 촬영했습니다. 리스의 형태나 장식이 무척 귀여워서 다른 피사체는 화면에 최대한 넣지 않고 촬영했습니다. 다만 대상 하나만 놓고 찍으면 너무 허전할 수 있기에 사람의 손을 넣어 현장감과 따뜻함을 부여했습니다. 또한 손을 넣음으로써 비교 대상이 생겨서 상품의 대략적인 크기를 보여줍니다.

POINT

- ○ 다른 사람에게 리스를 들게 한 후에 촬영한다
- ○ 손을 넣어서 현장감과 따뜻함을 전한다
- ○ 손을 통해 상품의 크기를 전달할 수 있다

Layout 구도

리스에 불필요한 장식이 없었기에 단순하게 표현하기 위해 중앙 구도로 했습니다.

RAW 사진 보정

리스의 가장자리가 너무 선명해서 가장자리의 채도를 낮추는 한편, 화면 전체에 파란 기를 더했습니다.

6151

미완성 상품을 촬영해 수제 느낌을 낸다

밸런타인데이의 이미지로 초콜릿을 촬영했습니다. 밸런타인데이→수제 초콜릿→선물의 순으로 연상하고, 상자를 묶는 도중의 끈과 커팅한 초콜릿을 놓아서 수제라는 점을 강조하고 있습니다. 배경에는 영어가 적힌 세련된 포장지를 놓고 선물을 떠올릴 수 있게 했습니다. 초콜릿은 실제로도 직접 손으로 만든 상품으로, 만드는 과정의 사진도 촬영했습니다.

POINT

- ○ 밸런타인데이에서 수제, 선물 등을 연상해 스토리를 만든다
- ○ 묶고 있는 도중의 끈이나 초콜릿을 통해 직접 손으로 만든 상품임을 알린다
- ○ 영어가 적힌 포장지로 선물 분위기를 낸다

Main / Sub 주제와 부제

주제는 포장 상자입니다. 초콜릿은 포장 상자에 맞춰서 사각, 마스킹 테이프 등은 둥근 형태로 통일해 어수선한 가운데서도 법칙성을 부여하고 있습니다. 위의 종이봉투가 잘려나간 것도 포인트입니다.

Light 빛

구름 낀 날 오전에 집 베란다에서 촬영했습니다. 거의 바로 위쪽에서 빛이 도달하는 '톱라이트'지만, 구름의 투과광이기 때문에 음영은 그다지 생기지 않았고 부드러운 인상이 되었습니다.

6151

실제로 손편지를 쓰는 장면을 연출한다

만년필을 촬영한 사진입니다. 사진과 수첩, 그리고 실제로 이 만년필을 사용해 적은 손편지를 부제로 삼음으로써 친구나 가족, 연인 등 추억을 공유하고 싶은 사람을 향해 편지를 쓰고 있다는 장면을 연출했습니다. 그리고 모델에게 만년필을 쥐게 해 더욱 따뜻함이 느껴지는 풍경을 연출했습니다. 한편 사진의 색감에서는 파란 기를 더해서 따뜻함과는 반대로 아침의 청량한 이미지를 만들어 의외성을 노렸습니다.

POINT

- ○ 사진과 수첩, 편지로 추억을 연출한다
- ○ 모델의 손도 넣어서 따뜻함을 준다
- ○ 파란 기를 더해 따뜻함과는 반대의 이미지를 만들어 의외성을 노린다

Main / Sub 주제와 부제

중앙에 놓인 만년필이 주제입니다. 부제로는 책상 위에 사진과 수첩을 겹쳐 두고, 배경에도 식물을 놓음으로써 입체적으로 보이게 연출했습니다.

RAW 사진 보정

채도를 낮추고 콘트라스트를 높인 상태로 파란 기를 더해 필름 사진과 같은 노스탤지어 분위기가 되었습니다.

SECTION

02 액세서리

POINT

- ○ 장면이나 상황을 상상할 수 있게 한다
- ○ 몸에 착용한 채로 찍으면 느낌을 알기 쉽다
- ○ 계절감이나 구체적인 사용 장면을 떠오르게 한다

액세서리는 사람이 몸에 착용하는 물건이므로 촬영 시에는 어떤 장면이나 상황에서 사용할 것인지 생각합니다. 액세서리의 착용감을 쉽게 보여주려면 몸에 착용한 채 사진을 찍어야 합니다. 그때는 액세서리만을 강조해서 찍는 등 모델의 이미지에 시선을 빼앗기지 않아야 합니다. 또한 계절감을 나타내는 배경을 선택하거나 화장대 위에 올려놓는 것도 좋습니다.

6151

빛을 난반사시킨다

이 예시에서는 크리스털 귀걸이를 촬영했습니다. 배경으로 귀걸이를 포장했던 종이봉투를 놓고, 이를 부제로 삼았습니다. 옆에서 측광이 들어와서 크리스털이 빛을 투과시켰기에 귀걸이와 빛 사이에 물을 넣은 유리잔을 놓아 빛을 더욱 난반사시켰습니다.

POINT

- ○ 로고가 보이는 각도로 포장지를 배경에 놓는다
- ○ 물을 담은 유리잔을 화면 밖에 놓아 빛을 난반사시킨다

Main / Sub 주제와 부제

주제는 중앙에 놓은 크리스털 귀걸이이며, 부제는 크래프트 느낌이 드는 종이봉투입니다. 초점은 종이봉투의 로고에 맞췄습니다.

Light 빛

옆에서 빛이 들어오기에 물을 넣은 유리잔을 화면 밖에 놓아 물의 난반사를 통해 신비로운 분위기를 연출했습니다. 크리스털 자체도 빛을 투과하고 있습니다.

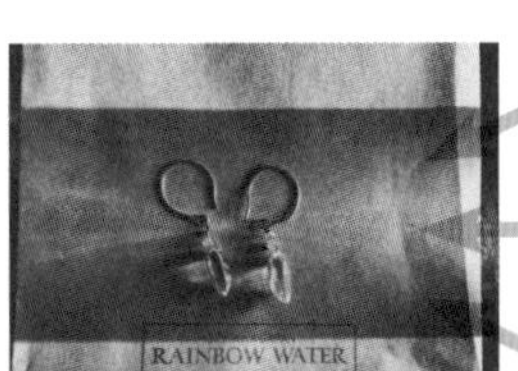

Layout 구도

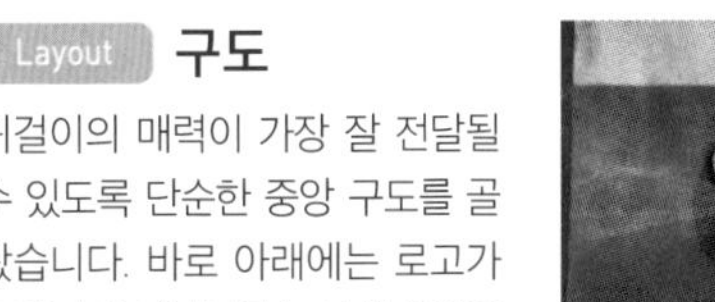

귀걸이의 매력이 가장 잘 전달될 수 있도록 단순한 중앙 구도를 골랐습니다. 바로 아래에는 로고가 드러난 종이봉투를 놓아서 은연중에 브랜드도 어필하고 있습니다.

RAW 사진 보정

채도를 낮추고 콘트라스트를 높여서 음영이 확실히 구별되도록 보정했습니다. 귀걸이와 종이봉투의 질감도 눈에 잘 들어오게 되었습니다.

NG

액세서리는 애초에 피사체 자체가 크지 않고 색도 은색처럼 담색인 제품이 많기에 주제를 '숨기는' 촬영법이 어울리지 않습니다. 이 사진에서는 화면 오른쪽에 뱅글과 반지가 있지만, 존재감이 너무 약해졌습니다.

6151

거울의 반사로 분위기를 만든다

거울 위에 손목시계를 놓고 거울로 주변을 반사해서 신비로운 분위기를 만들었습니다. 또한 부제로 수국을 곁들여 계절감을 표현했습니다. 부제로 삼을 것이 마땅하지 않은 경우 거울을 놓는 것도 좋은 방법입니다. 다만 거울은 반사되는 부분이 사진에 들어오면 지저분해질 수 있기에 야외에서 하늘을 향해 놓는 것이 좋습니다. 상품을 알아볼 수 있도록 시계의 로고에 초점을 맞췄습니다.

POINT

- 거울을 놓고 주변을 반사시켜 신비로운 분위기를 표현한다
- 수국을 부제로 삼아 계절감을 드러낸다
- 초점은 상품의 로고에 맞춘다

Main / Sub 주제와 부제

주제인 시계에 초점을 맞췄습니다. 또한 부제인 수국으로 초여름 분위기를 연출했습니다.

RAW 사진 보정

사진을 밝게 처리해 실제의 색과 비슷하게 보정했습니다. 콘트라스트도 살짝 높여서 선명한 인상을 만들었습니다.

6151

구체적인 장면을 떠올리게 한다

복수의 액세서리를 늘어놓는 패턴입니다. 외출하기 전 몸단장할 때 어떤 액세서리를 착용할지 고르는 장면을 상상했습니다. 이 같은 장면을 연출함으로써 '언제', '어디에서'라는 상황을 구체적으로 떠올리게 할 수 있습니다. 그냥 테이블에 올려놓으면 눈에 잘 띄지 않으므로 접시 위에 올려놓아 포인트를 주었습니다.

POINT

- 일상의 장면을 상상할 수 있는 사진으로 마무리한다
- 여러 액세서리를 늘어놓는다
- 접시에 놓고 감싸서 포인트를 준다

Main / Sub 주제와 부제

주제는 세로로 늘어뜨린 두 개의 목걸이로, 초점은 거기에 맞췄습니다. 다만 이 예시에서는 주제가 무엇인지 알 수 없더라도 큰 문제는 없습니다.

RAW 사진 보정

사진을 조금 밝게 보정하는 한편, 콘트라스트를 높임으로써 접시에 비치는 그림자도 조금 강하게 해 입체감을 연출했습니다.

6151

화려한 배경 위에 놓고 돋보이게 한다

뱅글을 주제로 삼고, 주변에 반지, 목걸이, 케이스를 놓고 촬영했습니다. 물을 담은 양동이에 꽃을 넣고 투명한 아크릴판으로 뚜껑을 만든 다음, 그 위에 액세서리를 올려놓았습니다. 배경이 화려하긴 하지만 뱅글에 초점을 맞춰서 주제를 확실히 함으로써 단순함이 돋보이는 사진이 되었습니다.

POINT

- 화려한 배경으로 주제의 단순함을 돋보이게 한다
- 부제인 다른 브랜드의 액세서리는 사진에서 일부를 잘라낸다

Main / Sub 주제와 부제

가운데의 뱅글이 주제이며, 다른 액세서리와 꽃이 부제입니다. 부제인 액세서리는 다른 브랜드 상품이라서 일부러 잘라내었습니다.

Light 빛

구름 낀 야외에서 촬영한 투과광입니다. 위쪽에서 닿는 빛이 아크릴판에 반사되므로 반사되는 위치가 부제인 액세서리와 겹치는 각도를 찾아서 촬영했습니다.

6151

손과 액세서리만을 담아서 자신이 몸에 착용한 장면을 연상케 한다

팔찌를 손목에 장착한 후 수영장 안에 손을 넣고 촬영했습니다. 일부러 손만 보여주어 사진을 본 사람이 '자신이 이 팔찌를 착용한다면' 하고 상상하게 했습니다. 나아가 이 팔찌 자체가 남녀와 관계없는 상품이기에 손만을 찍음으로써 폭넓은 타깃이 관심을 보이게 할 수 있습니다.

POINT

- 손만 찍어서 사진을 보는 사람 자신이 '이 팔찌를 착용한다면'이라고 상상하게 한다
- 남녀를 특정하지 않음으로써 폭넓은 타깃에게 어필할 수 있다

Main / Sub 주제와 부제

주제는 물론 팔찌입니다. 배경인 수영장이 부제이며 '수영장=여름'이라는 상황을 설정하는 역할도 합니다.

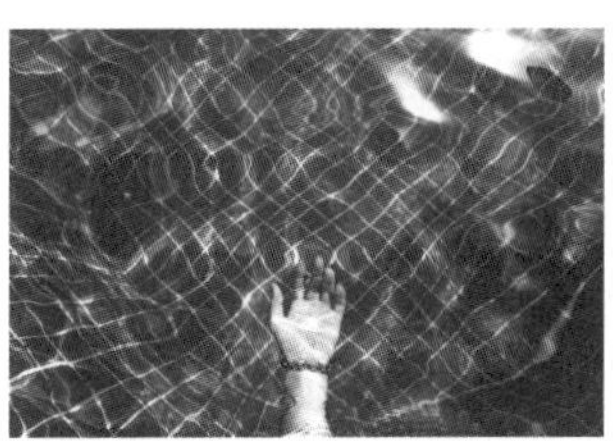

Layout 구도

중앙 구도로 단순하게 촬영했습니다. 배경이 수영장의 화려한 파란색이라서 흰 팔이 돋보입니다.

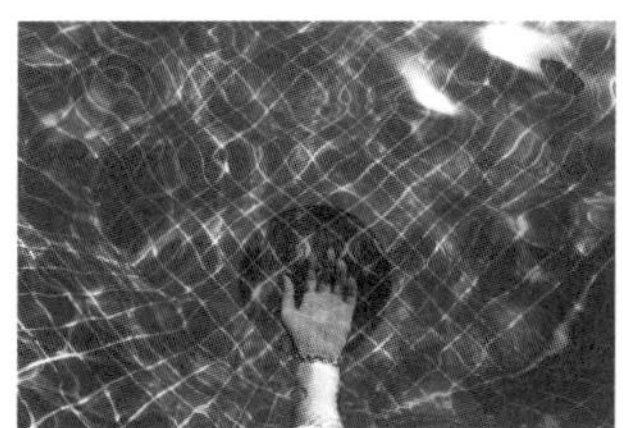

SECTION

03 화장품

POINT

○ 화장품은 특히 사용 연령대가 영향을 끼치는 상품
○ 젊은 세대는 컬러풀하고 톡톡 튀는 이미지
○ 성인 세대는 고급스럽고 차분한 이미지
○ 촬영이나 현상을 하기 전에 구매층을 명확히 정해둔다

화장품은 특히 대상 연령대가 작품의 분위기에 영향을 끼치는 상품입니다. 젊은 세대는 건강하고 밝으며 톡톡 튀는 이미지가 있는데 반해, 성인 여성은 차분한 이미지가 있습니다. 가격대도 크게 차이가 나며, 부제의 선택이나 현상의 방향성도 구매층에 따라 크게 달라집니다. 사전에 어떤 세대를 타깃으로 삼을지 정해둡시다. 한편 젊은 세대가 성숙함을 보여주고자 일부러 차분한 화장품을 고를 때도 있습니다.

6151

일상의 한 장면을 재현한다

화장대 위에 파운데이션이나 컨실러 등 다른 화장품을 올려놓고, 블러셔만 빨간색을 골라 눈에 띄게 했습니다. 실제로 화장을 하는 장면을 떠올리게 했습니다.

POINT

- ○ 부제는 모노톤의 상품으로 모아서 주제인 빨간 블러셔를 눈에 띄게 한다
- ○ 실제로 화장을 하는 장면을 떠올리며 촬영한다

Main / Sub 주제와 부제

고급스러움을 연출하기 위해 부제로 나열한 상품도 세련되고 단순한 디자인을 선택했습니다. 주제는 중앙의 빨간 블러셔입니다.

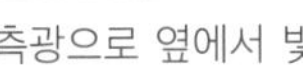

Light 빛

측광으로 옆에서 빛을 닿게 해 입체감을 만들었습니다. 음영을 통해 고급스러운 느낌을 연출할 수 있습니다.

Layout 구도

주제와 부제가 어수선하게 늘어져 있지만, 부제는 모노톤의 색으로 통일하고 중앙에 빨간 블러셔를 놓아 중앙 구도로 주제를 눈에 띄게 했습니다.

RAW 사진 보정

채도는 낮추고 콘트라스트는 높여서 음영을 강조해 고급스러움을 연출했습니다. 빨간색의 채도만 높이는 것도 좋습니다.

Variation

화장품 사진에서는 해당 상품을 사용하는 장면을 보여주는 것이 특히 효과적입니다. 이 사진에서는 트리트먼트를 여러 개 놓고 주제로 삼았으며, 거울, 헤어브러시, 수건을 부제로 삼아서 외출할 준비를 하는 장면을 상상하게 했습니다.

6151

야경으로 고급스러움을 연출한다

고급스러운 분위기를 내는 방법은 많은데, 배경으로 야경을 선택하는 것도 그중 하나입니다. 아름다운 야경이 보이는 호텔에서 사용하는 샴푸라는 상황을 떠올릴 수 있도록 고급스러운 분위기를 연출했습니다. 빛을 빛 망울로 만듦으로써 반짝거리는 느낌을 주었습니다. 이번에는 채도를 조금 높여서 마무리했습니다.

POINT

- ○ 상황으로 고급스러움을 연출한다
- ○ 빛 망울로 반짝거리는 인상을 준다
- ○ 채도를 높여서 마무리한다

Layout 구도

주제인 샴푸를 손에 든 채로 중앙 구도로 단순하게 배치했습니다. 배경은 많은 빛이 모이는 장소를 골랐습니다.

Light 빛

가로등을 광원으로 역광으로 촬영했습니다. 각각의 광원이 빛 망울이 되면서 고급스러움을 연출해주는 부제가 되었습니다.

6151

채도를 높여서 젊음을 연출한다

젊은 세대를 의식해 밝고 톡톡 튀며 건강한 이미지로 마무리한 사진입니다. 실제로 해당 연령대의 여성이 입을 법한 캐주얼한 옷을 부제로 갖췄습니다. 컬러풀한 매니큐어의 선명함이 돋보일 수 있도록 RAW 현상에서도 채도를 높였습니다. 또한 전체를 밝게 하고 콘트라스트를 줄여 약간 밋밋한 인상으로 마무리했습니다.

POINT

- 젊은 세대를 대상으로 컬러풀하고 톡톡 튀는 분위기로 연출한다
- 캐주얼한 부제로 가벼운 이미지를 연출한다
- 콘트라스트는 낮춰서 일부러 밋밋한 인상으로 연출한다

Main / Sub 주제와 부제

주제인 화장품이 가격대가 낮은 상품이기에 캐주얼한 옷을 부제로 갖춤으로써 사진 전체의 이미지를 통일했습니다.

RAW 사진 보정

현상에서는 채도를 높여서 전체를 밝게 보정했고, 반대로 콘트라스트는 낮춰서 밋밋한 인상으로 마무리했습니다.

6151

패키지에 맞춰서 부제의 채도를 극단적으로 높인다

스킨 로션의 계절 한정 패키지를 촬영한 사진입니다. 가을용, 겨울용 상품이기 때문에 부제로 단풍잎을 골라 계절감을 드러냈습니다. 또한 패키지의 무늬에 맞춰서 단풍의 채도를 많이 높였습니다. 그러는 한편, 배경으로는 밋밋한 콘크리트 바닥을 골랐습니다. 배경, 부제, 주제의 콘트라스트가 인상적인 사진이 되었습니다.

POINT

- 계절 한정 패키지이므로 단풍으로 가을·겨울을 표현한다
- 단풍의 채도를 극단적으로 높여서 패키지의 디자인에 맞춘다
- 배경은 별다른 인상을 주지 않는 콘크리트로 삼아 주제 및 부제와 콘트라스트를 구성한다

Main / Sub 주제와 부제

콘크리트를 배경으로 부제인 단풍으로 틀을 만들고 주제인 스킨 로션을 가운데에 가두었습니다. 세 가지 피사체가 콘트라스트를 만들어내고 있습니다.

RAW 사진 보정

패키지가 화려해서 단풍도 극단적으로 채도를 높였습니다. 전체의 채도를 높이면 부자연스럽기에 단풍의 색조만을 보정했습니다.

가격대가 높은 부제를 나열해 고급스러움을 부여한다

중앙의 립스틱을 주제로 촬영했습니다. 새하얀 테이블에 놓고 그림자를 드러냈습니다. 부제로는 뷰러와 파운데이션, 블러셔 등 화장품과 관련된 물건을 주변에 많이 놓아두고, 가격대도 다소 높은 브랜드 상품으로 갖춰서 전체적으로 고급스러운 느낌을 연출했습니다. 이 때문에 이 사진의 타깃은 약간 높은 연령층임을 알 수 있습니다.

POINT

- ○ 흰 테이블에 올려서 그림자를 드러낸다
- ○ 화장품과 관련 있는 부제를 선정한다
- ○ 부제인 화장품은 높은 가격대의 물건을 갖춰서 사진에 고급스러움을 드러낸다

Main / Sub 주제와 부제

중앙의 립스틱이 주제입니다. 부제로는 고급 브랜드의 화장품 관련 상품을 늘어놓고 새빨간 컵으로 포인트를 주었습니다.

Light 빛

사진 오른쪽에서 왼쪽을 향해 측광이 비치고 있습니다. 흰 테이블에 상품을 올려놓아 피사체의 그림자가 보여서 입체감이 드러납니다.

SECTION

04 옷

POINT

○ 포트레이트에 가까운 이미지로 촬영한다
○ 움직임이 있는 동작이나 포즈로 소재감을 전달한다
○ 앵글은 웨이스트 레벨보다도 아래쪽에서 촬영한다
○ 촬영 장소에 맞춰서 옷의 색을 고른다

옷은 포트레이트에 가까운 이미지로 촬영합니다. 옷만 찍는 사진도 좋지만, 사람이 입고 있는 모습을 촬영하는 것도 고려해봅시다. 옷의 소재감을 알 수 있는 포즈나 상황을 만드는 것이 중요한 포인트입니다. 나풀나풀한 원피스라면 스커트의 옷자락을 쥐게 하고, 스키니 바지라면 스타일리시하게 걷는 모습을 촬영하는 방법을 사용합니다. 또한 배경과 옷의 색에 혼동되지 않도록 합시다.

moron_non

옷의 소재감을 전달한다

이 예시에서는 나풀나풀한 원피스를 촬영했습니다. 소재감을 전달하기 위해 스커트의 옷자락을 쥐는 포즈를 취하게 했습니다. 빨간 옷이라서 배경으로는 녹색을 선택하여 보색 관계를 만들었습니다.

POINT

- ○ 소재감을 전달하기 위해 옷자락을 들어올린다
- ○ 주제인 옷과 배경의 녹색으로 보색 관계를 만든다

Main / Sub 주제와 부제

주제는 옷과 그것을 입은 사람, 부제는 배경입니다. 실제 촬영에서는 옷을 여러 개 가지고 가서 배경의 색과 장소에 맞춰서 옷을 고르는 경우가 많습니다.

Light 빛

역광으로 찍어서 어떤 소재로 만들어진 옷인지를 보여주고 있습니다. 순광이나 측광의 경우 옷에 그림자가 생겨서 소재감을 알 수 없게 될 수 있습니다.

Layout 구도

앵글은 웨이스트 레벨보다 아래쪽에서 위를 올려다보듯 촬영하는 것이 좋습니다. 하이 앵글은 다리가 오그라들어 짧고 뭉툭해 보이므로 추천하지 않습니다.

RAW 사진 보정

현상의 기준은 옷의 색이 원래와 비슷하게 보이도록 마무리하는 것입니다. 그림자가 생겼을 때는 어두운 영역을 밝게 하고 옷의 색이 눈에 띄지 않을 때는 채도를 조금 높입니다.

NG

실내나 밤 등 여러 개의 광원이 있는 상황에서 촬영할 때는 여러 광원의 색이 뒤섞여서 옷의 색을 제대로 표현하기 어렵습니다. 실내라면 방의 전등을 끄거나 해서 광원의 색이 하나가 되도록 만든 후에 촬영합시다.

6151

같은 브랜드의 관련 상품을 넣어서 자연스럽게 어필한다

파란 코트를 주제로 삼고, 평상시의 코디네이션인 청바지나 스웨터, 카메라 등의 소품을 부제로 갖추고 촬영했습니다. 배경은 대리석입니다. 부제인 소품 안에 코트의 브랜드 카탈로그와 태그를 넣어서 자연스레 브랜드를 어필하고 있습니다. 속옷은 평소에 보이지 않는 부분이기에 사진에도 담지 않았습니다.

POINT

- ○ 액세서리도 포함해 코디네이션을 전부 사진에 넣는다
- ○ 같은 브랜드의 관련 상품을 넣어서 자연스레 어필한다
- ○ 평소에는 보이지 않는 속옷은 넣지 않는다

Main / Sub 주제와 부제

파란 코트가 주제로, 그 밖의 코디네이션은 전부 부제입니다. 옷걸이도 고급스러워 보이는 소재의 제품을 골랐습니다.

RAW 사진 보정

채도를 낮추고 콘트라스트를 높여서 소재의 질감을 표현했습니다. 화이트 밸런스는 보정하지 않았지만, 흐린 날 야외에서 촬영한 결과 파란색이 강하게 드러나고 있습니다.

📷 6151

벽에 걸어서 스커트의 나풀거림을 드러낸다

여름에 입는 원피스를 벽에 걸어서 촬영했습니다. 원피스처럼 나풀거리는 소재의 옷은 벽에 걸어서 움직임을 드러내어 질감을 표현하는 것도 좋습니다. 손가방과 모자는 여름의 분위기를 내는 한편, 코디네이션의 일부이기도 하므로 다음 날 입을 옷을 준비하고 있다는 식의 스토리를 상상하게 할 수 있습니다.

POINT

- 나풀거리는 소재의 옷은 벽에 걸어서 움직임을 드러낸다
- 소품은 계절감을 주는 한편, 스토리도 상상하게 한다

Main / Sub 주제와 부제

원피스가 주제로, 부제를 통해 계절감과 스토리가 느껴지게 했습니다. 전체 색의 수도 빨간색, 녹색, 갈색의 세 가지 색으로 억제했습니다.

Light 빛

왼쪽에서 들어오는 측광으로 촬영함으로써 옷에 음영이 생겨 나풀거리는 소재의 질감을 더욱 확실히 전달할 수 있었습니다.

moron_non

역광으로 촬영해 감성적인 분위기를 만든다

화면 안에 태양광을 넣어서 완전한 역광에서 촬영했습니다. 바람이 불고 있어서 옷이 흔들리는 듯한 포즈를 취하게 했고, 옷 안에 공간이 생겨서 소재감이 더욱 명확하게 전달되었습니다. 올드 렌즈를 사용해 발생시킨 플레어도 감성적인 분위기를 만들어주고 있습니다.

POINT

- ○ 역광과 포즈로 옷의 소재감을 표현한다
- ○ 얼굴을 찍지 않고 상상할 여지를 남긴다
- ○ 플레어로 감성적인 분위기를 만든다

Main / Sub 주제와 부제

모델의 얼굴을 태양광으로 감추고 있습니다. 사진을 본 사람이 상상할 여지를 남기게 해 더욱더 자신과 관련된 것처럼 파악할 수 있습니다.

Light 빛

화면 안에 광원을 넣은 완전한 역광으로 플레어도 발생시켰습니다. 주제 피사체가 어두워지므로 노출 보정은 플러스로 설정합시다.

moron_non

특별한 옷은 어떤 때 입는 것인지를 보여준다

특별할 때 입는 옷은 배경을 많이 담아서 어떤 때 입는 옷인지를 보여주는 것이 좋습니다. 예를 들어 유카타라면 신사나 축제에서 입는 것이 가장 자연스러운 상황입니다. 하지만 너무 뜬금없는 것이 아니라면 평소 사람들이 많이 다니는 거리 안에서 찍는 등 의외성을 노리는 것도 좋습니다. 이 사진은 야나카긴자의 골목길에서 촬영했습니다.

POINT

- ○ 특별한 옷은 상황을 보여준다
- ○ 옷에 맞는 이벤트나 장소에서 촬영하는 것이 좋다

Layout 구도

인물을 3분할 구도의 교차점에 놓았습니다. 다만 안쪽으로 뻗는 길이 보이므로 방사선 구도라고도 할 수 있습니다.

Light 빛

이 사진은 순광으로 촬영했습니다. 거의 바로 위에서 비치는 광원이 유카타에 닿아서 노란색과 파란색 무늬가 강조되고 있습니다.

SECTION

05 신발

POINT

○ 어떤 사람이 살 만한 상품인지를 상황으로 재현한다
○ 신발의 경우에는 모델을 기용하는 것이 좋다
○ 모델의 옷은 단순하게 한다
○ 분위기를 브랜드 이미지에 맞춘다

패션 상품을 촬영할 때는 코디네이션과 상황을 제안한다는 마음으로 촬영합니다. 또한 그 브랜드를 좋아할 만한 사람이 관심을 보일 것 같은 분위기를 만듭니다. 신발의 경우, 모델이 착용하는 것이 이상적이지만 모델 때문에 구매층이 너무 한정되는 것도 좋지 않습니다. 옷은 가능하면 단순하게 입어서 분위기를 너무 한정하지 않도록 합시다.

6151

모델의 얼굴을 가려서 연령·성별이 드러나지 않게 찍는다

겨울용 부츠를 촬영했습니다. 캐리어 가방과 조합함으로써 여행을 갈 때 신는 이미지를 연출했습니다. 모델은 여성이지만, 얼굴을 담지 않고 단순한 옷을 입혀서 가능하면 연령이나 성별이 한정되지 않도록 했습니다.

POINT

- ○ 캐리어 가방과 조합해 여행을 갈 때 신고 가는 이미지를 연출한다
- ○ 연령·성별을 한정하지 않도록 단순한 옷을 입힌다

Main / Sub 주제와 부제

신발은 주제, 핑크색 캐리어 가방은 부제로서 여행을 갈 때 신고 간다는 이미지로 촬영했습니다. 모델의 옷은 청바지와 흰 셔츠로 단순하게 마무리해 연령 등이 특정되지 않도록 했습니다.

Light 빛

피사체를 향해 왼쪽에서 오른쪽으로 비치는 측광으로 촬영했습니다. 신발의 음영이 나오기에 소재감을 표현할 수 있습니다.

Layout 구도

2분할 구도를 통해 모델과 캐리어 가방이 같은 크기가 되도록 배치했습니다. 얼핏 보면 어느 쪽이 주제인지를 알 수 없을 정도입니다.

RAW 사진 보정

캐리어 가방의 색감이 강하기 때문에 채도를 억눌러서 너무 눈에 띄지 않도록 보정했습니다. 콘트라스트는 높여서 신발의 소재감이 돋보이도록 마무리했습니다.

Variation

구매층의 연령과 성별이 분명한 신발의 경우에는 그것에 적합한 이미지를 만듭니다. 하이힐이나 펌프스, 무늬가 귀여운 스니커즈 등은 여성용 신발이기에 여기에서는 꽃을 곁들여 촬영했습니다. 모델에게도 스커트를 입혔습니다.

6151

앵글을 통해 신비로운 분위기를 만든다

모델이 없는 경우에는 다양한 앵글을 시도해보는 것도 좋습니다. 여기에서는 식물 화분과 함께 신발을 바닥에 눕힌 채 사다리 위에 올라가서 촬영했습니다. 벽에 건 것처럼 보이는 앵글로 신비로운 분위기를 만들었습니다. 놓는 장소도 신발의 소재에 어울리는 크래프트 느낌이 감도는 바닥을 골랐습니다.

POINT

- ○ 모델이 없는 경우에는 다양한 앵글을 시도해본다
- ○ 바닥에 놓고 위에서 촬영함으로써 벽에 건 것처럼 보이게 한다
- ○ 바닥의 재질에도 주의를 기울인다

Layout 구도

주제, 부제 모두 3분할 구도의 교차점에 놓았습니다. 초점은 신발의 로고에 맞췄습니다.

Light 빛

신발의 위쪽에서 빛이 닿고 있기에 각도로 말하면 톱라이트입니다. 신발 밑으로 그림자가 뻗어 나옴으로써 벽에 건 것 같은 느낌을 연출하고 있습니다.

6151

부제로 계절감을 연출한다

퍼가 달린 겨울용 부츠여서 부제를 통해 계절감이 드러나도록 했습니다. 단순한 무늬의 스웨트 바지를 착용했으며, 겨울에는 조용히 독서를 한다는 이미지를 만들고자 부제로 책과 노트를 놓고 색이 강한 인형을 포인트로 배치했습니다.

POINT

- ○ 겨울용 부츠는 계절감을 연출한다
- ○ 계절과 직접 관련된 것이 아니라 그 계절을 연상케 하는 소품을 배치한다
- ○ 화려한 색의 물건을 포인트로 배치한다

Main / Sub 주제와 부제

부제는 계절감을 직접 표현하는 물건이 아니라 겨울이라는 계절을 생각할 때 떠오르는 것을 나열했습니다. 여기에서는 세련된 노트가 그런 부제입니다.

RAW 사진 보정

콘트라스트를 높여서 신발의 소재감을 표현했고, 신발의 색이 눈에 띄도록 채도도 조금 높였습니다.

SECTION

06 꽃

POINT

○ 배경색에 주의한다
○ 흰색과 검은색은 무난한 만능 색
○ 꽃과 같은 계열의 색을 배경으로 사용하는 것도 좋다

꽃을 촬영할 때는 꽃 그 자체의 색이 아름답게 보이도록 배경색에 신경을 써야 합니다. 흰색과 검은색은 어떤 색의 꽃에도 어울리는 만능의 배경색이라 할 수 있습니다. 밝은 인상으로 할 것인지 긴장감이 도는 인상으로 할 것인지를 결정합시다. 또한 일부러 꽃의 색과 같은 계열의 색을 배경으로 삼는 것도 좋습니다. 그 경우에는 꽃 본래의 색보다는 조금 연한 배경색을 추천합니다.

6151

같은 계절의 꽃을 나열한다

처음에는 부제로 꽃을 배치했지만, 생각보다 분위기가 좋아서 꽃을 주제로 변경해 촬영했습니다. 같은 계절에 피는 꽃을 늘어놓으면 화면 안에 통일감을 연출할 수 있습니다.

POINT

- ○ 부제로 배치했던 꽃을 주제로 바꿔본다
- ○ 같은 계절의 꽃을 늘어놓아 통일감을 낸다

Main / Sub 주제와 부제

주제는 꽃이지만, 여러 꽃이 명확히 구별되지는 않습니다. 주제를 '숨기는' 방법을 통해 전체에 시선이 가도록 했습니다.

Light 빛

부감으로 촬영해서 카메라의 위쪽에서 쏟아져 내리는 듯한 빛이 되었습니다. 어느 정도 꽃의 음영을 만들어서 질감을 전달하는 것이 좋습니다.

Layout 구도

2분할 구도로, 배경의 회색을 대담하게 보여주었습니다. 꽃으로 틀을 만드는 듯한 이미지로 배치하고 있기에, 빈 공간에 다른 피사체를 놓는 것도 좋습니다.

RAW 사진 보정

꽃이 너무 선명했기에 현상을 통해 전체적인 채도를 낮추었고, 노란색과 주황색이 진해서 이런 색들은 추가로 채도를 낮췄습니다.

NG

꽃을 촬영하는 경우, 배경에 나무 소재를 놓는 것은 좋지 않습니다. 나무 색에 영향을 받아서 꽃의 색이 죽어 보일 수 있습니다. 꽃의 아름다움을 연출하려면 흰색이나 같은 색 계열을 배경으로 삼는 것이 좋습니다.

haruyonakano

모르타르 무늬의 배경으로 세련된 분위기를 만든다

모르타르 무늬는 어떤 피사체라도 조합하기 좋은 배경입니다. 따뜻하면서도 세련된 분위기를 만들 수 있습니다. 배경을 하얗게 하면 너무 단순해지고 다른 배경을 두면 피사체와 무늬를 조합하기 어려운 경우에 모르타르 무늬를 이용하면 좋습니다. 특히 여러 색의 꽃이 섞여 있을 때 모르타르 무늬를 이용하면 분위기를 연출하기 쉽습니다.

POINT

- ○ 모르타르 무늬의 배경은 조합하기 쉬운 무늬
- ○ 따뜻함이 있으면서도 세련된 분위기
- ○ 여러 색이 뒤섞여 있을 때 편리하다

Light 빛

방의 조명을 사용해서 톱라이트가 되었습니다. 모르타르 무늬 바닥에 빛이 반사되어 포인트가 됩니다.

Main / Sub 주제와 부제

꽃 중에서도 오른쪽 위의 흰 꽃에 초점을 맞췄습니다.

검은 배경으로 피사체를 돋보이게 한다

히아신스를 검은 배경에 올려서 촬영했습니다. 검은 배경도 많은 종류의 피사체에 맞출 수 있는 색으로, 피사체를 더욱 돋보이게 하는 효과가 있습니다. 이 경우 배경은 바닥의 색이 거의 느껴지지 않을 정도로 어둡게 하는 것이 좋습니다. 다만 이 과정에서 사진이 전체적으로 너무 어두워지지 않도록 주의합시다.

POINT

- ○ 검은 배경은 피사체를 돋보이게 한다
- ○ 바닥이 거의 느껴지지 않을 정도로 어둡게 한다
- ○ 전체적으로 너무 어두워질 때는 RAW 현상을 통해 보정한다

Layout 구도

여러 종류의 꽃이 있었기에 3분할 구도를 기준으로 피사체를 잘라냈습니다. 주제는 바로 앞에 있는 히아신스, 부제는 잘린 꽃들입니다.

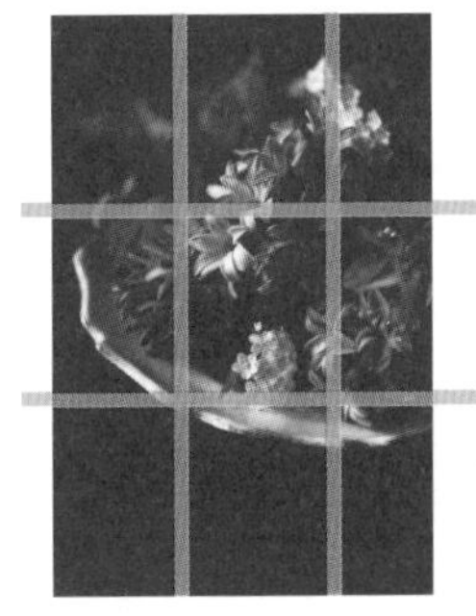

RAW 사진 보정

배경이 거의 보이지 않을 정도로 어둡게 해 농담이 느껴지지 않게 했습니다. 검은색 배경은 평면적인 단색으로 만들어서 주제 피사체를 돋보이게 할 수 있습니다.

SECTION

07 요리

POINT

○ 요리는 맛있어 보이는 것이 중요하다
○ 겉모습을 충실하게 담아서 질감을 표현한다
○ 겉모습과 다른 인상이 되면 식욕이 사라진다

요리를 맛있어 보이게 찍기 위해서는 요리의 질감을 전달해야 합니다. 정확히 초점을 맞추고 노출 과다나 부족 등을 피하며 콘트라스트도 적정한 수준으로 정하는 것이 좋습니다. 요리는 있는 그대로의 모습을 제대로 보여주는 사진이 사랑받습니다. 사진이 과도하게 강렬하지는 않은지, 실제 겉모습과 동떨어진 색이 되지는 않았는지 확인합시다.

haruyonakano

야외에 놓고 촬영한다

야외에서 플레이트 요리를 촬영했습니다. 요리는 테이블의 모서리 근처에 놓고 비스듬한 앵글로 찍어 움직임을 연출했습니다. 또한 배경으로 보이는 녹색을 아웃포커싱으로 처리함으로써 식사 장소에 시선을 집중시켰습니다.

POINT

- ○ 테이블의 모서리 근처에 놓고 요리에 움직임을 준다
- ○ 배경으로 보이는 녹색을 아웃포커싱 처리해 장소를 떠올리기 쉽게 한다

Main / Sub 주제와 부제

주제는 플레이트에 담긴 요리, 부제는 병에 들어 있는 음료수입니다. 플레이트의 채소와 배경의 녹색을 같은 색으로 골라 통일감을 연출했습니다.

빛

나무 그늘에서 촬영했기에 나뭇잎을 통과한 투과광이 됩니다. 부드러운 빛이 요리에 닿아서 콘트라스트가 알맞은 수준이 되었습니다.

Layout 구도

테이블의 모서리에 요리를 놓아 화면 위에 선을 만들고 배경도 함께 담아서 테이블의 거리감을 표현했습니다.

RAW 사진 보정

녹색이 너무 화려했기에 현상을 통해 채도를 낮췄습니다. 또한 플레이트 전체에 조금 노란기를 더해서 맛있어 보이도록 보정했습니다.

NG

부감으로 케이크를 촬영한 사진인데, 가장 위의 딸기에만 초점이 맞았기에 케이크 전체의 질감이 전달되지 않습니다. 높이가 있는 요리는 조리개를 조여서 요리 전체에 초점을 맞추거나, 부감 앵글을 피하고 옆에서 찍는 것이 좋습니다.

@ haruyonakano

상황을 담아서 현장감을 표현한다

코스 요리의 전체를 촬영했습니다. 테이블 세팅도 훌륭해서 테이블의 분위기를 포함해 상황 전체를 담았습니다. 유리잔에 와인을 따르거나, 나이프와 포크를 손에 들게 함으로써 식사를 즐기고 있다는 현장감이 전해집니다. 요리의 색 가짓수가 많긴 하지만 흰 테이블보나 은색 커틀러리와 균형이 잡혀 있어서 반대로 색의 수가 많은 점이 포인트가 되었습니다.

POINT

- ○ 주변의 유리잔이나 커틀러리를 넣어서 상황을 담는다
- ○ 사람의 손이 현장감을 빚어낸다
- ○ 색의 수가 많은 것은 커틀러리의 옅은 색으로 균형을 잡는다

Main / Sub 주제와 부제

중앙의 전채가 주제, 음료수가 들어 있는 유리잔, 나이프와 포크를 든 손 등이 부제로서 상황을 연출하고 있습니다.

Light 빛

바로 앞쪽에서 빛이 닿는 순광입니다. 태양이 최대한 높아지는 시간대에 촬영해 촬영자의 그림자가 들어가지 않도록 했습니다.

haruyonakano

컵 아이스크림을 단독으로 찍어서 디자인적인 매력을 전한다

젤라토를 촬영한 사진입니다. 컵의 무늬와 로고가 귀여워서 디자인의 매력을 강조하며 찍은 사진입니다. 피사체의 디자인에 힘이 있었기에 단순한 중앙 구도로 찍었으며, 배경으로는 무늬가 있는 소파를 아웃포커싱으로 담아서 사진을 꾸몄습니다.

POINT

- ○ 디자인적인 매력을 단순하게 촬영한다
- ○ 배경으로는 무늬가 있는 소파를 아웃포커싱으로 처리한다

Layout 구도

중앙 구도로 젤라토를 단순하게 촬영했습니다. 대상을 하나만 두고 촬영하는 중앙 구도는 전하고자 하는 바를 가장 확실히 전하는 스트레이트한 사진이 됩니다.

RAW 사진 보정

컵과 젤라토의 색감이 너무 화려하므로 채도를 조금 낮춰서 마무리했습니다.

역광으로 물을 촬영해 빛을 난반사시킨다

상황을 연출한 사진입니다. 미네랄워터를 숲속에서 촬영, '이 물은 숲에서 만들어지고 있다'라는 메시지를 투영했습니다. 빛은 물을 투과하면 난반사를 일으키므로 이때도 역광으로 촬영했습니다. 플레어가 왼쪽 하단에 생기도록 카메라의 각도를 조정해 상쾌한 분위기로 마무리했습니다.

POINT

- ○ 미네랄워터를 숲속에서 촬영한다
- ○ 빛은 물을 통과하면 난반사를 일으킨다
- ○ 플레어를 넣어서 상쾌함을 표현한다

Light 빛

역광으로 촬영해 물에 빛을 투과함으로써 난반사를 일으켰습니다. 왼쪽 하단에 배치한 플레어도 포인트입니다.

RAW 사진 보정

저녁 무렵에 촬영해서 자연광이 주황색을 띠고 있었기 때문에, 현상 처리를 통해 제거했습니다. 배경의 녹색도 선명하게 강조했습니다.

배경에 신경을 기울여서 와인을 촬영한다

다양한 색의 와인을 와인잔에 담아서 촬영했습니다. 와인을 마실 때는 와인잔에 따라서 마시는 경우가 많으므로 촬영에서도 그런 개념을 살렸습니다. 이 사진에서는 배경이 큰 면적을 차지하고 있으므로 그 부분에 신경을 썼습니다. 예를 들어 **배경의 창틀이 비스듬하게 찍힌다면 정돈되지 않은 느낌이 생길 수 있습니다.**

POINT

○ 와인은 와인잔에 담은 채 촬영한다

○ 배경의 면적이 크기 때문에 섬세한 부분에 신경 쓴다

Main / Sub 주제와 부제

주제는 와인, 부제는 와인잔이지만 와인은 와인잔에 따름으로써 와인이라는 사실을 전달할 수 있기에 둘이면서 하나라고 생각하는 것이 좋습니다.

Light 빛

와인은 반투명한 액체이기에 역광으로 촬영해 빛의 난반사를 노렸습니다. 배경의 풍경이 와인잔 속에 희미하게 반사되고 있습니다.

SECTION

08 인테리어

POINT

- ○ 인테리어 가구에 집중해서 찍는 경우와 실내 전체를 찍는 경우가 있다
- ○ 두 경우 모두 공간의 분위기를 전달해야 한다
- ○ 실내 공간을 촬영할 때 수평·수직의 왜곡에 주의한다

인테리어 촬영은 의자와 같은 가구 그 자체를 찍는 경우와 가구가 배치된 실내를 촬영해 전체적인 분위기를 전달하는 경우가 있습니다. 두 경우 모두 해당 인테리어 가구를 배치함으로써 어떤 공간을 만들 수 있는지 의식해야 합니다. 인테리어 촬영에서 신경 써야 할 것은 수평·수직입니다. 기둥이나 대들보를 기준으로 정하고 그것이 기울어지지 않도록 촬영합니다.

haruyonakano

안쪽 기둥을 기준으로 삼는다

거실을 촬영했습니다. 화면 중앙에서 살짝 왼쪽에 있는 모서리를 기준으로 삼고, 그 모서리가 일직선이 되도록 구도를 정했습니다. 광각 렌즈로 촬영했기 때문에 현상 소프트웨어의 렌즈 보정으로 왜곡을 없앴습니다.

POINT

- ○ 기준이 되는 모서리가 일직선이 되게 촬영한다
- ○ 현상 소프트웨어를 통해 기울기나 렌즈의 왜곡을 보정한다

Main / Sub 주제와 부제

방 전체를 찍었기 때문에 주제와 부제는 따로 없습니다. 만약 눈에 띄게 하고 싶은 인테리어 가구가 있는 경우, 그쪽으로 시선을 모이게 배치합니다.

빛

창문에서 들어오는 빛을 사용해 역광 혹은 측광으로 촬영합니다. 순광은 자신의 그림자가 실내에 비치게 되므로 피하는 것이 좋습니다.

Layout 구도

기둥이나 대들보 등 기준이 되는 선을 정해서 그것에 맞춰 수평·수직을 잡고 RAW 현상으로 미세 조정합니다.

RAW 사진 보정

현상에서는 수평·수직을 최우선으로 보정합니다. 또한 역광은 콘트라스트가 너무 강해질 수 있으므로 보정합시다.

NG

중앙 왼쪽의 모서리를 기준으로 촬영했지만, 광각 렌즈의 효과로 사진의 사각이 왜곡되어 세로 선이 비스듬해져서 부자연스러워 보입니다. 렌즈의 왜곡이 눈에 띄는 경우에는 현상에서 렌즈 보정을 통해 가능하면 일직선이 되도록 보정합시다.

테이블에 놓는 물건을 통해 장면을 상상하게 한다

인테리어를 찍는 경우 실내 공간 안에 무엇을 놓을지가 중요합니다. 이 사진에서는 나무 테이블과 그 소재에 맞는 의자를 배치하고, 테이블 위에는 귀여운 디저트 등을 놓음으로써 애프터눈 티를 즐기는 장면을 상상하며 촬영했습니다. 소품을 어느 정도 놓을지는 촬영할 때 사진을 재생해 확인한 후에 더하거나 빼도록 합시다.

POINT

- 방에 놓는 물건을 통해 장면을 상상하게 한다
- 촬영 시에 사진을 재생해 확인한 후에 소품을 더하거나 뺀다

Light 빛

창문으로부터 들어오는 자연광이 벽에 반사되어 반사광이 되었습니다. 그 결과 방 전체에 빛이 골고루 퍼지고 있습니다.

RAW 사진 보정

방 전체가 밝아지도록 현상에서 어두운 영역을 밝게 보정해 완성했습니다. 또한 노란 기를 덜어내고 파란 기를 조금 더했습니다.

haruyonakano

의자를 단독으로 찍는다

디자인이 세련된 유럽 브랜드의 의자를 촬영했습니다. 형태가 마음에 들었지만, 책상 아래에 넣으면 일부만 보이기 때문에 의자만 단독으로 촬영했습니다. 의자의 앉는 부분과 바닥의 재질을 일치시켜서 통일감을 주었습니다. 여기서 바닥과 벽을 구별하는 바닥 몰딩이 없다는 점이 숨겨진 포인트입니다. 이에 따라 화면 속의 요소가 줄어서 의자와 그림에 시선이 유도되고 있습니다.

POINT

- ○ 디자인이 세련된 의자를 단독으로 촬영한다
- ○ 의자와 바닥의 재질을 일치시켜서 통일감을 준다
- ○ 바닥 몰딩이 없는 장소에서 촬영한다

Main / Sub 주제와 부제

의자가 주제, 그림이 부제입니다. 세련된 디자인의 의자이므로 의자를 부제로 삼아 방의 인테리어를 촬영해도 좋습니다.

Light 빛

오른쪽 상단에서 측광이 쏟아져 내리고 있습니다. 창문에는 커튼이 달려 있으며 커튼을 통과해 부드럽고 따뜻한 투과광이 되었습니다.

SECTION

09 카페

POINT

○ 가게의 콘셉트를 사진으로 표현한다
○ 광각 렌즈로 전체를 찍고 상징적인 오브제를 넣는다
○ 기준을 정하고 수평·수직을 정확히 잡는다
○ 경우에 따라서는 삼각대를 사용한다

레스토랑이나 카페에는 모던한 일본풍 분위기나 오가닉 등 가게별로 콘셉트가 있습니다. 사진을 통해 그런 가게의 콘셉트를 표현하는 것이 좋습니다. 광각 렌즈를 사용해 실내 전체의 모습을 알기 쉽게 담으면서도 콘셉트를 표현하는 상징적인 오브제 등을 넣어봅시다. 또한 수평·수직을 정확히 맞추는 것도 중요합니다. 경우에 따라서는 삼각대를 써도 좋습니다.

moron_non

사람을 넣어서 리얼한 장면을 연출한다

이 예시에서는 호텔의 카페 공간을 촬영했습니다. 벽이 통유리창으로 되어 있기에 바닥에 반사된 녹색의 수풀도 촬영했습니다. 사람도 함께 담아서 생동감 있는 장면을 연출했습니다.

POINT

- ○ 녹색 수풀이 바닥에 반사된 모습을 촬영한다
- ○ 사람을 넣어서 생동감 있는 장면을 연출한다

Main / Sub 주제와 부제

주제는 실내 공간이지만, 그 실내에서 시간을 보내는 사람을 부제로 넣음으로써 자신이 그 장소에 있는 것 같은 인상을 부여할 수 있습니다.

Light 빛

창문이 찍히는 사진에서는 역광이 될 때가 많습니다. 노출 보정을 밝게 설정하는 등의 방법으로 너무 어두워지지 않도록 주의합시다.

Layout 구도

실내 촬영에서는 수평·수직을 정확히 잡아줍시다. 화면 안에서 기둥이나 바닥의 선을 기준으로 정하고, 그것을 일직선이 되도록 합니다.

RAW 사진 보정

현상에서는 촬영 시에 맞추지 못했던 수평·수직을 보정합니다. 이 사진에서는 창문 바깥의 식물과 바닥에 반사된 경치가 아름다웠기에 바깥을 기준으로 밝기를 보정했습니다.

Variation

가게의 콘셉트가 제공된 요리에서 강하게 드러날 때도 있습니다. 이런 경우에는 상품에 집중해 촬영하는 것도 좋습니다. 중요한 것은 '그 가게에 가면 어떤 체험을 할 수 있는지, 어떤 기분을 느낄 수 있는지'입니다. 가게의 콘셉트를 사진에 담아내는 것이 상품을 가장 전달하기 쉬운 방법입니다.

부감으로 촬영해 계층을 만든다

테이블 위의 커피를 촬영하는 경우, 반드시 배경을 고려해야 합니다. 가게의 실내 풍경이나 창문 바깥을 배경으로 삼으면 프레임 안에 불필요한 피사체가 너무 많이 들어올 수 있습니다. 이 사진에서는 커피를 테이블의 가장자리에 놓고 부감으로 촬영함으로써 불필요한 피사체를 배제했습니다. 바닥, 테이블, 테이블보 순으로 높이에 따른 계층도 만들어졌습니다.

POINT

- 커피를 테이블 가장자리에 놓고 부감으로 촬영한다
- 바닥, 테이블, 테이블보 순으로 높이의 계층을 만든다

Layout 구도

테이블과 바닥의 경계선이 프레임을 정확히 세로로 2분할하도록 조정했습니다. 테이블과 바닥 무늬의 콘트라스트도 인상적으로 담겼습니다.

Light 빛

이 사진에서는 왼쪽에서 측광이 들어오고 있습니다. 커피가 빛에 가까운 장소로 오도록 카메라의 위치를 조정했습니다.

6151

커피와 관계있는 소품을 놓는다

커피를 내리는 장면을 촬영했습니다. 주제인 커피포트를 중심으로, 커피 분쇄기, 커피 원두 패키지 등 관계있는 소품을 놓았고, 빈 공간에는 식물, 뒤쪽 배경에는 사진을 꾸며서 장식했습니다. 커피포트는 브랜드 제품이기 때문에 고급스러움을 연출했습니다.

POINT

- ○ 커피와 관계있는 소품을 놓는다
- ○ 사진에 담는 소품에도 신경 쓴다
- ○ 빈 틈은 식물이나 사진으로 채운다

Light 빛

창문을 통해 자연광을 옆쪽으로 받고 있습니다. 측광은 알맞은 수준의 음영을 만들어주므로 고급스러움을 연출하는 데 도움을 줍니다.

RAW 사진 보정

카페는 '차분한 장소'라는 이미지가 있습니다. 채도를 낮추고 콘트라스트를 높여서 차분한 공간을 연출했습니다.

moron_non

상징적인 오브제를 가운데에 담는다

이 레스토랑에서 가장 시선을 끄는 트리를 사진 중앙에 담았습니다. 트리가 일직선으로 뻗도록 카메라의 위치를 잡았습니다. 음식은 붉은 기가 있는 조명으로 비추면 맛있어 보이는 효과가 있으며, 여기에서도 현상을 통해 붉은 기가 도는 불빛을 조금 더 강조했습니다.

POINT

- 시선을 끄는 트리를 중심으로 촬영한다
- 트리가 일직선이 되도록 구도를 조정한다
- 음식은 붉은 기를 더하면 맛있어 보인다

Layout 구도

중앙 구도로 중심에 트리를 놓았습니다. 빵을 놓은 테이블도 수평이 되도록 배치하고, 왼쪽에는 인물을 넣었습니다.

RAW 사진 보정

조명에 조금 붉은 기가 있어서 현상을 통해 조금 더 붉은 기를 더해 요리가 더욱 맛있어 보이도록 마무리했습니다.

moron_non

상황을 한정해 찍는다

카페나 레스토랑을 촬영할 때는 언제 누구와 함께 있는지를 상상하게 하는 것도 중요합니다. 이 사진에서는 저녁 식사를 마친 후의 바에서 술을 한 잔 마신다는 이미지로 촬영했습니다. 그 밖에도 여행지에서 1박을 한 후에 맞는 기분 좋은 아침, 체크인할 때 처음으로 들어선 개방감 있는 로비 등 상황에 따라 인물을 담는 방법 등을 다르게 설정해보는 것도 좋습니다.

POINT

- ○ 어떤 때 이용할 것인지에 관한 상황을 설정한다
- ○ 조식, 애프터눈 티, 디너 등 다양한 시간대를 생각한다
- ○ 상황에 따라 인물을 넣는다

Light 빛

밤에 촬영하는 경우에는 실내의 조명밖에 없기에 빛의 양이 낮보다 적습니다. 조리개를 개방하는 등의 방법으로 빛을 많이 받아들이도록 합니다.

Main / Sub 주제와 부제

실내의 상황을 주제로 삼고, 화면 아래쪽에 부제로 술병을 배치했습니다. 그곳에 초점을 맞춰서 바의 분위기를 강조했습니다.

SECTION

10 컴퓨터·카메라

컴퓨터나 카메라는 대부분 가격이 고가입니다. 사진으로는 '이런 좋은 것을 구입했다'라는 자랑하고 싶은 마음을 표현합니다. 컴퓨터나 카메라는 형태가 직선적이고 색도 은색이나 검은색이 많기에 배치를 구성하기 편한 형태입니다. 한편 똑바로 오브제를 늘어놓기만 하면 단조롭게 보이므로 비스듬하게 놓거나 사진을 잘라서 화면에 움직임을 줄 필요도 있습니다.

POINT

- ○ 자랑하고 싶은 마음을 표현한다
- ○ 직선적인 배치가 디자인하기 편하다
- ○ 비스듬하게 놓아서 움직임을 만든다
- ○ 콘트라스트를 높여서 고급스러움을 연출한다

6151

어수선한 배치로 주제를 숨긴다

검은 테이블보 위에 노트북, 카메라, 스마트폰 등을 놓고 촬영했습니다. 이 사진의 주제는 노트북이지만, 부제를 어수선하게 놓음으로써 일부러 주제를 숨기고자 했습니다. 노트북과 스마트폰, 양초를 비슷한 무늬로 구성함으로써 통일감도 연출했습니다.

POINT

- ○ 어수선하게 놓아서 주제인 노트북을 숨긴다
- ○ 비슷한 무늬의 부제를 모아서 통일감을 연출한다

Main / Sub 주제와 부제

주제는 노트북이며 주변에 같은 무늬의 케이스를 씌운 스마트폰과 카메라를 배치했습니다. 사람의 손도 넣어서 스토리를 만들었습니다.

RAW 사진 보정

콘트라스트를 높이고 채도를 낮춰서 기계적이며 특정한 인상이 두드러지지 않는 이미지를 표현했습니다. 검은 테이블보의 질감도 살렸습니다.

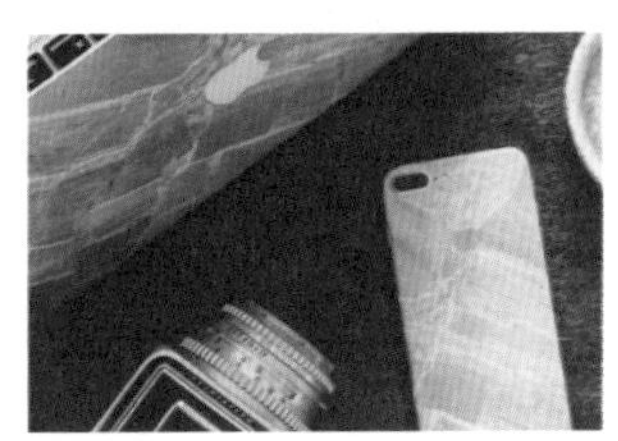

Light 빛

역광으로 음영을 만들고 콘트라스트를 넣어 입체감을 연출했습니다. 노트북과 카메라의 거친 질감이 표현되었습니다.

Layout 구도

직선적인 피사체를 여기저기 흩트려 놓는 방법을 통해 통일감과 정리되지 않은 느낌을 동시에 주는 구도로 완성했습니다.

Variation

직선의 방향을 나란히 맞춰서 건조한 인상과 통일감을 더욱 강조한 예시입니다. 방향을 비스듬하게 함으로써 화면 내에 움직임을 드러내고 있습니다. 부제를 일부러 잘라내어 화면 바깥을 상상할 여지를 남겨두었습니다.

6151

다소 저가인 제품은 귀여운 분위기로 찍는다

테이블 위에 노트북이나 컵 등을 어수선하게 늘어놓고 중앙에 미러리스 카메라를 배치한 후에 부감으로 촬영했습니다. 초점을 카메라의 렌즈 구면에 맞추고 그 외의 피사체는 아웃포커싱 처리를 해 시선을 주제인 카메라로 유도했습니다. 피사체인 카메라는 가격대가 조금 낮은 제품이므로, 귀여운 물건을 부제로 삼아 전체적인 분위기를 연출했습니다.

POINT

- ○ 부제를 일부러 어수선하게 놓는다
- ○ 초점과 구도로 시선을 주제로 유도한다
- ○ 가격대가 조금 낮은 주제이기 때문에 전체적으로 귀여운 분위기로 연출한다

Layout 구도

주제를 중심에 놓은 중앙 구도입니다. 주제인 카메라는 가격대가 조금 낮은 제품이므로 부제로 꽃 등을 곁들임으로써 귀여운 분위기를 표현했습니다.

RAW 사진 보정

콘트라스트는 그다지 높이지 않고 어두운 영역의 수치를 높여서 전체적으로 부드러운 분위기로 완성했습니다.

6151

부제로 관련 기기를 놓고 주제를 강조한다

비슷하게 카메라를 찍은 사진이지만, 부감이 아니라 하이 앵글로 촬영했습니다. 부제로는 카메라에 관한 액세서리를 주변에 많이 배치해 카메라와 그 주변 기기가 주제라는 점을 표현했습니다. 또한 렌즈 등의 부제를 화면에서 잘려나가는 위치에 놓는 것도 포인트입니다.

POINT

- ○ 하이 앵글 각도에서 촬영한다
- ○ 여러 가지 카메라 관련 장비를 부제로 배치한다
- ○ 부제는 잘려나가는 위치에 놓는다

Main / Sub 주제와 부제

화면 가운데에는 꽃이 있지만, 실제 주제는 카메라입니다. 부제로 렌즈 등을 놓아서 카메라가 주제라는 점을 표현했습니다.

Light 빛

역광으로 촬영해 음영을 표현했습니다. 기계적인 피사체는 음영이 잘 어울립니다. 한편 어두운 영역이 너무 어두워지지 않도록 주의합니다.

SECTION

11 워크숍

POINT

- ○ 워크숍 사진에서는 공간의 분위기를 전한다
- ○ 어떤 사람을 모집하는지를 전한다
- ○ 묵묵히 작업하는 수업이라면 손끝을 강조한다
- ○ 즐겁게 작업하는 수업이라면 웃는 얼굴을 강조한다
- ○ 도구가 수업의 상징이 된다

haruyonakano

워크숍 사진은 공간의 분위기가 중요합니다. 참가자가 묵묵히 작업하는 수업이라면 손끝을 강조하거나 집중하는 표정을 담습니다. 즐겁게 대화를 나누며 진행하는 수업이라면 웃는 얼굴로 서로 교류하는 장면을 찍습니다. 워크숍의 분위기나 대상으로 삼은 사람과 어울리는 상황을 포착해 촬영합니다. 또 하나의 특징은 도구입니다. 해당 작업을 할 때 필요한 독자적인 도구가 있다면 그것이 해당 워크숍을 상징하는 아이템이 됩니다.

작업 중인 손끝을 담는다

이 워크숍에서는 참가자들이 집중해 작업하고 있어서 얼굴은 담지 않고 손끝을 촬영했습니다. 조용히 작업에 집중하고 있는 분위기를 전함으로써 진지함이 감도는 수업의 이미지를 전하고 있습니다.

POINT

- ○ 손끝을 찍음으로써 집중하는 이미지를 만든다
- ○ 자연광에 있는 노란 기를 제거한다

Main / Sub 주제와 부제

초점은 바로 앞의 컵에 맞춰서 시선을 유도했습니다. 뒤쪽의 작업 풍경도 적당한 수준으로 아웃포커싱 처리를 해 어떤 모습으로 작업하고 있는지 보이게끔 했습니다.

빛

창문으로 들어오는 빛을 정면으로 받으며 역광으로 촬영했습니다. 도구나 제작물을 밝게 담아서 작업 풍경이 제대로 보이도록 했습니다.

Layout 구도

테이블을 경계로 삼은 2분할 구도입니다. 얼굴은 담지 않았지만 작업을 하거나 매뉴얼을 보는 손끝을 넣어서 묵묵히 작업하는 분위기를 연출했습니다.

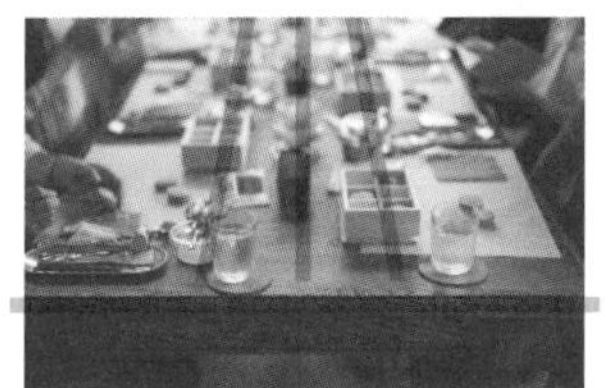

RAW 사진 보정

역광이 방으로 들어오고 있어서 태양광에 노란 기가 있었습니다. 현상에서 노란 기를 제거했습니다.

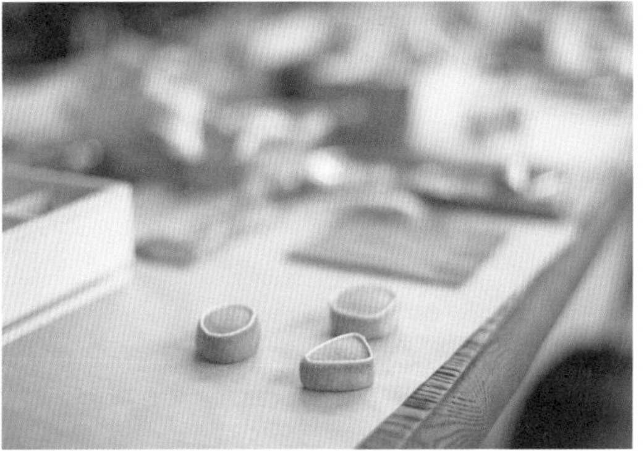

완성한 쿠키 세 개 중 하나에만 초점이 맞았고 다른 두 개는 배경이 부자연스럽게 아웃포커싱되어 있습니다. 배경을 아웃포커싱 처리할 때는 배경의 요소 등을 의식해 너무 지저분해지지 않도록 주의합시다.

haruyonakano

참가자를 담지 않고 도구만을 촬영한다

사진에 참가자를 넣지 않고 도구만 찍는 패턴입니다. 아이싱 쿠키를 만들기 위한 특수한 도구가 이 워크숍의 인상을 만들어줍니다. 이것은 워크숍이 시작되기 전의 테이블 위를 촬영한 사진입니다. 참가자가 아직 오지 않았고, 이제부터 곧 작업이 시작한다는 분위기를 담아냈습니다.

POINT

- ○ 상징적인 도구를 촬영한다
- ○ 사람을 넣지 않고 지금부터 작업이 시작된다는 이미지를 촬영한다

Main / Sub 주제와 부제

중앙에 놓인 핀셋이나 가위 등의 도구를 주제로 삼고 거기에 초점을 맞췄습니다.

Layout 구도

테이블을 비스듬히 찍어서 사선 구도를 만들었습니다. 사람이 없는 풍경이기에 사선 구도로 만들어 움직임을 주고 있습니다.

haruyonakano

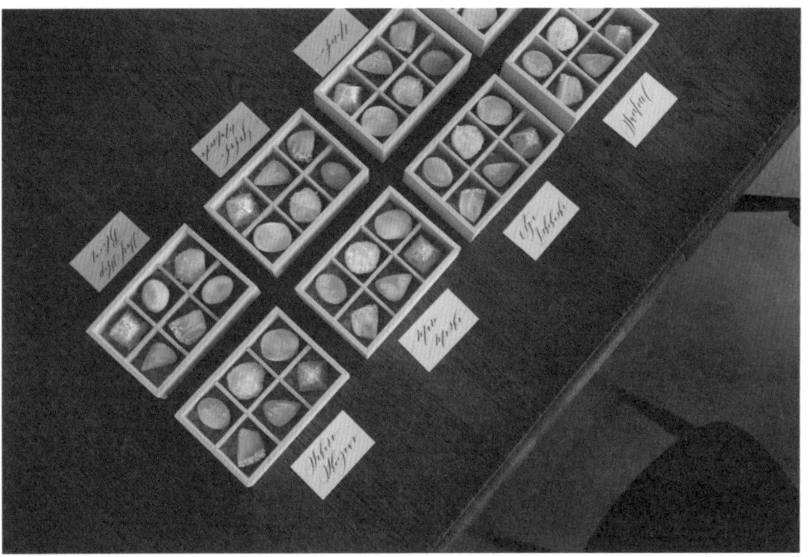

직선이 많은 피사체는 일부러 비스듬히 찍는다

워크숍 참가자가 만든 아이싱 쿠키를 촬영했습니다. 쿠키를 담은 상자, 상자 안의 칸막이, 테이블의 가장자리 등 직선 요소가 많은 상품이 피사체입니다. 이 때 부감으로 수평을 맞춰서 찍으려면 약간의 틀어짐도 신경 쓰이므로 여기에서는 일부러 비스듬히 찍어서 움직임을 만들었습니다.

POINT

- ○ 직선이 많은 피사체는 약간의 틀어짐도 눈에 띈다
- ○ 일부러 비스듬하게 놓음으로써 움직임을 만든다
- ○ 피사체를 일부 잘라낸다

Main / Sub 주제와 부제

주제는 아이싱 쿠키이며 부제는 필기체로 적힌 이름표입니다. 필기체는 세련되고 고급스러운 인상을 줍니다.

Layout 구도

아이싱 쿠키 상자나 테이블의 가장자리를 비스듬하게 담았습니다. 직선 요소가 많은 상품은 일부러 비스듬하게 찍어서 움직임을 드러내면 좋습니다.

SECTION

12 여행

POINT

- ○ 여행 사진은 풍경 사진이나 스냅 사진에 가깝다
- ○ 자신이 움직여서 피사체를 찾는다
- ○ 빛과 색, 랜드마크 등 특징적인 것을 찾는다

여행 상품을 소개하는 사진은 상품 사진이라기보다는 **풍경이나 스냅에 가까운 촬영**이 됩니다. 기본적으로 야외에서 촬영하기 때문에 스스로 움직여서 피사체를 찾고 사진에 담을 장소를 선택해야 합니다. 하지만 **피사체의 매력을 찾아야 한다는 점**은 여타의 상품 사진과 다르지 않습니다. 예를 들어 거리라면 저녁의 햇살이나 나무 사이로 내리쬐는 빛이 닿는 장소, 컬러풀한 색이 있는 장식, 마을의 랜드마크가 되는 건물 등 특징적인 피사체나 장면을 찾아봅시다.

moron_non

인물을 넣어서 현실감을 연출한다

이 예시에서는 홍콩의 거리 풍경을 촬영했습니다. 길가에 걸려 있는 노란 등이 홍콩의 분위기를 잘 살려주고 있어서 여기에 인물을 넣어서 촬영했습니다. 여행 사진은 인물을 넣으면 현실감이 높아집니다.

POINT

- ○ 노란 등이 홍콩다운 느낌을 연출한다
- ○ 사람을 넣어서 현실감을 드러낸다

Main / Sub 주제와 부제

일반적인 스냅 사진에서는 인물이 주제가 되지만, 여기에서는 홍콩의 풍경을 주제로 삼고 그 안에 인물이 부제로 있습니다.

Light 빛

흐린 하늘의 순광을 통한 촬영입니다. 빛이 구름을 통과해 투과광이 되었으므로 부드러운 분위기로 표현할 수 있었습니다.

Layout 구도

인물을 중앙에 배치하는 한편, 도로는 안쪽까지 이어지는 방사선 구도로 되어 있습니다. 깊이감을 표현함으로써 사진이 퍼져나간다는 느낌을 부여했습니다.

RAW 사진 보정

지붕의 아래 부분은 어쩔 수 없이 어두워지므로, 현상에서 어두운 영역을 높여 전체적으로 밝게 보정했습니다.

Variation

길거리에서 촬영하는 포인트는 빛과 색입니다. 어떤 거리이든 그 거리를 상징하는 장소나 오브제가 있으며, 그것이 인상에 남을 수 있게 만드는 빛과 색을 찾아서 촬영합니다.

ONIBUS
COFFEE

CHAPTER
5
스마트폰으로 끝내는 상품 사진 보정

지금까지는 DSLR 카메라로 사진을 촬영하고
컴퓨터로 RAW 파일을 현상하는 방법을 설명했습니다.
하지만 최근에는 스마트폰용 앱으로도 사진을 아름답게 보정할 수 있게 되었습니다.
CHAPTER 5에서는 저자가 사용하는 스마트폰 앱과
그 보정 방법을 소개합니다.

SECTION 01

기본 카메라 앱으로 마무리하기

사진의 밝기나 색 등은 컴퓨터의 RAW 현상 소프트웨어뿐만 아니라 스마트폰 앱을 사용해서 보정할 수도 있습니다. 밝기, 색, 콘트라스트 등을 직관적인 슬라이더 조작으로 변경할 수 있어서 컴퓨터를 사용한 사진 보정보다 간편합니다. 여기에서는 iPhone에 기본으로 탑재된 카메라 앱으로 사진을 보정하는 방법을 설명합니다.

01 밝기를 보정한다

iPhone의 기본 카메라 앱을 사용해 밝기를 보정하려면 '빛' 슬라이더로 간단하게 조작하는 방법과 '노출', '하이라이트', '그림자'와 같이 세세하게 항목 슬라이더를 각각 조작하는 방법이 있습니다. 모든 항목은 슬라이더를 스크롤해 조작합니다.

편집할 사진을 표시하고, 오른쪽 상단의 '편집'을 탭합니다❶.

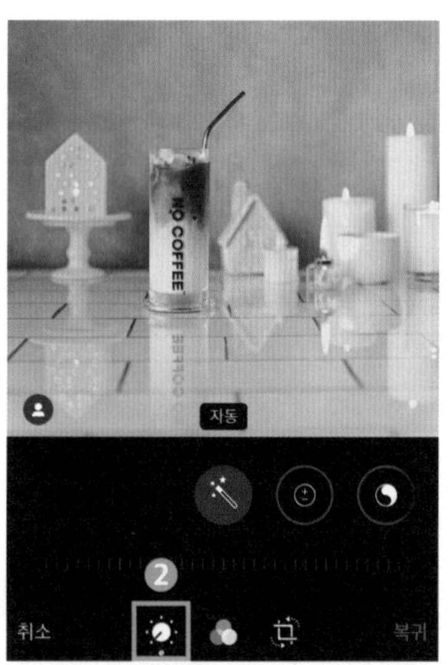

화면 하단의 '☀'를 탭합니다❷.

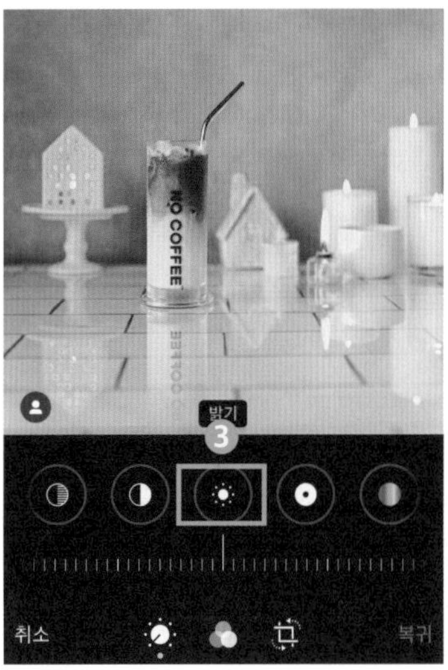

조정 가능한 항목이 표시되면 '밝기'를 탭합니다❸.

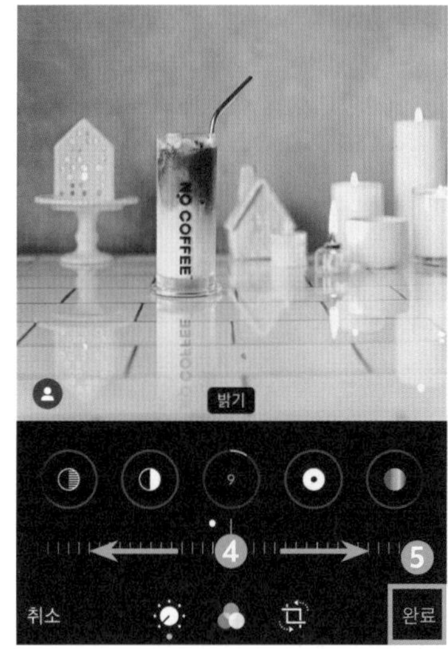

화면 아래쪽의 슬라이더를 가로로 스크롤하면❹, 사진을 보정할 수 있습니다. 오른쪽 하단의 '완료'를 탭하면❺ 보정이 완료됩니다.

02 콘트라스트를 보정한다

콘트라스트는 '빛' 안에 포함된 항목을 통해 보정합니다. 가장 간단한 방법은 '대비' 슬라이더를 움직여서 보정하는 것이지만, '하이라이트'와 '그림자'를 개별적으로 변경해 콘트라스트를 보정할 수도 있습니다. 간단하게 보정할 때는 '대비'를 이용하고, 보다 세밀하게 보정할 때는 '하이라이트'와 '그림자'를 이용합시다.

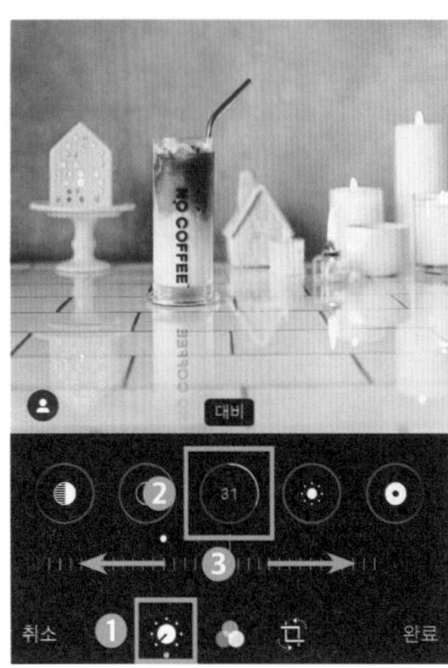

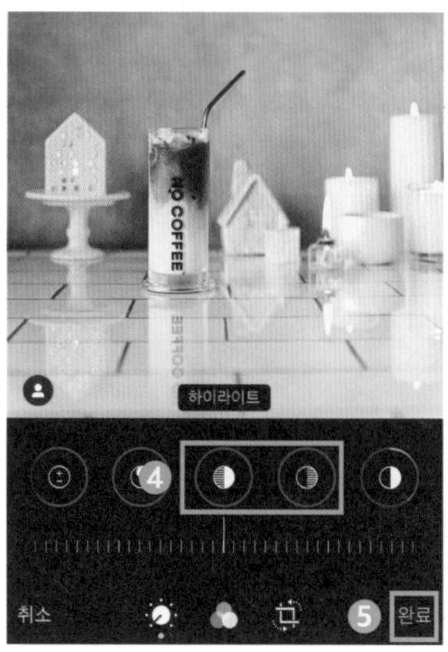

앞 페이지의 방법에 따라 사진의 편집 화면을 표시하고 '☀'를 탭합니다❶. '대비'를 탭합니다❷. 슬라이더를 좌우로 이동하면 콘트라스트 보정이 가능합니다❸.

'하이라이트', '그림자' 항목❹을 개별적으로 보정하면, 보다 세밀하게 콘트라스트를 보정할 수 있습니다. '완료'를 탭하면❺ 편집이 종료됩니다.

〈 휘도란? 〉

'밝기'의 편집 항목 안에 '휘도'라는 항목이 있습니다. 이것은 사진 속에 그늘이 생겨난 부분을 밝게 보정하는 기능입니다. '그림자'와 달리 효과의 정도가 크지 않으며 최대치까지 올려도 부자연스러워지지 않습니다.

'휘도' 최대

'그림자' 최대

03 색을 보정한다

iPhone 카메라 앱에서 사진의 색을 조정하려면 '채도', '대비', '색조' 슬라이더를 각각 조작합니다. 사진 전체의 색조를 녹색과 마젠타 중 한쪽으로 보정할 수 있습니다.

채도

'채도'는 색의 선명함을 보정하는 기능입니다. 슬라이더를 오른쪽으로 움직일수록 색이 진해지고 왼쪽으로 움직일수록 색이 옅어집니다.

대비

'대비'는 색의 강약을 보정하는 기능입니다. 슬라이더를 오른쪽으로 움직일수록 강렬한 인상이 되며 왼쪽으로 움직일수록 부드러운 인상이 됩니다.

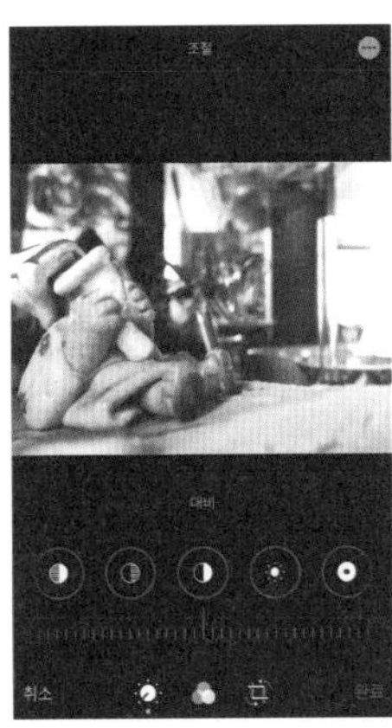

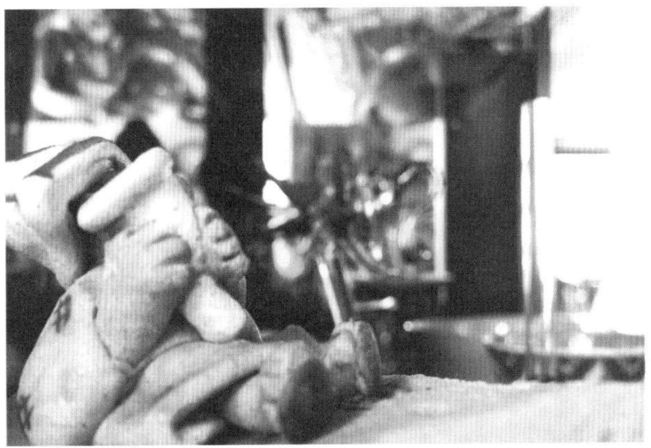

색조

'색조'는 사진의 한색·난색을 보정하는 기능입니다. 슬라이더를 오른쪽으로 움직이면 난색(붉은 기)이 증가하고, 왼쪽으로 움직이면 한색(파란 기)이 증가합니다.

04 사진의 크기를 변경한다

iPhone 카메라 앱으로는 이미지의 회전이나 자르기를 통해 사진의 크기나 각도를 변경할 수 있습니다. 격자선이나 각도계도 표시되므로 그것을 기준으로 사진을 조정해봅시다. 다만 회전과 자르기만 가능하며 Lightroom과 같은 왜곡 보정은 불가능합니다.

사진을 회전시킨다

편집 화면을 표시하고, 화면 하단 왼쪽의 '◉'을 탭합니다❶.
사진을 회전하려면 화면 아래 슬라이더를 좌우로 스크롤합니다❷.

사진을 자른다

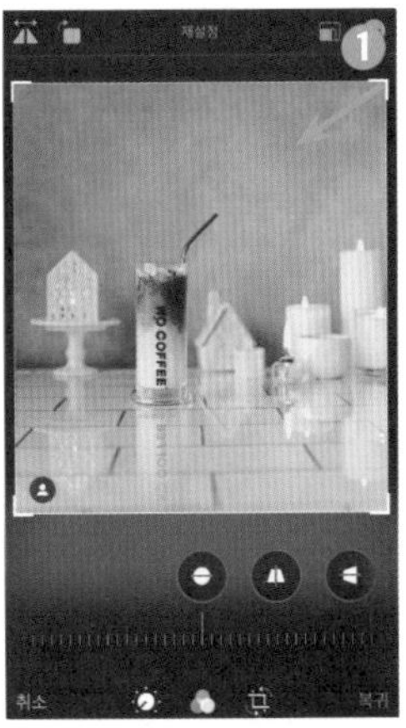

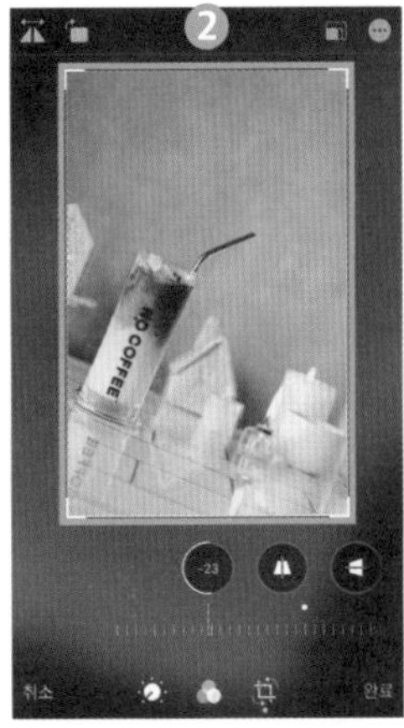

사진을 자를 때는 편집 화면에서 표시되는 격자 도구를 드래그합니다❶.
자르기 틀에 격자선이 표시되므로❷, 그것을 기준으로 격자 도구를 확정한 후에 화면에서 손가락을 뗍니다.

화면에서 손가락을 떼면 자르기가 완료됩니다❸.
보정을 끝냈다면 화면 오른쪽 하단의 '완료'를 탭합니다❹.
자르기 틀의 종횡비를 고정할 수도 있습니다. 화면 오른쪽 상단의 ' '을 탭하면❺, 사진의 종횡비를 선택하는 메뉴가 표시되므로, 임의의 비율을 탭합시다❻.

SECTION

02 여러 앱으로 사진 꾸미기

스마트폰용 카메라 앱에는 기본 카메라 앱 외에도 다수의 카메라 앱이 있습니다. 여기에서는 스마트폰에서 사진 조정을 할 수 있는 앱 중에서 세 가지 앱 VSCO, Snapseed, RNI Films를 추천합니다.

01 여러 앱으로 사진을 꾸민다

스마트폰을 사용해 사진을 보정할 때는 보통 하나의 앱으로 완성하는 것이 아니라 여러 앱을 통해 보정을 거듭합니다. 예를 들어 VSCO로 밝기 등 전체적인 부분을 보정했다면, Snapseed의 세밀한 부분 보정을 통해 불필요한 부분을 지우거나 부분적으로 밝게 하는 등 각각의 앱이 장점으로 삼고 있는 기능을 조합해 사진을 완성합니다.

VSCO로 밝기와 색을 보정한다

가게의 세련된 전구를 찍은 사진입니다. 전체적으로 어두운 인상이었기에 VSCO로 어두운 영역을 조금 밝게 키우고 붉은 기를 더했습니다. 레트로하고 신비로운 분위기를 표현했습니다.

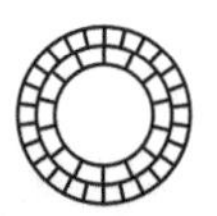

Snapseed로 오른쪽의 반사된 부분을 지운다

Snapseed의 '잡티 제거' 기능을 사용하면 화면상의 반사나 먼지를 제거할 수 있습니다. 여기에서는 화면 오른쪽에 일부만 보이는 전구를 제거했습니다.

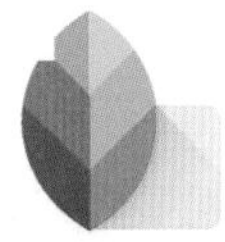

02 앱 현상 시 주의점

스마트폰 앱을 사용해 보정할 때는 크게 세 가지를 주의해야 합니다. 하나는 너무 지나치게 보정하지 않는 것입니다. 스마트폰으로 사진을 보정할 때는 RAW 파일을 저장할 수 있는 앱으로 보정할 때를 제외하고는 기본적으로 JPEG 파일을 보정하게 됩니다. JPEG 파일은 RAW 파일보다 사진의 화질이 떨어지기 쉽기 때문에 과도한 보정은 피하는 것이 좋습니다. 두 번째는 사진의 저장 방식입니다. 원본 파일에 덮어씌우는 앱과 파일을 복사해 보정 내용을 저장하는 앱이 있습니다. 세 번째는 스마트폰의 화면 밝기입니다. 화면의 밝기에 따라 사진의 인상은 완전히 달라집니다. 스마트폰의 밝기는 언제나 같은 조건으로 설정한 후에 보정합시다.

너무 과하게 보정하지 않는다

스마트폰의 사진 보정은 RAW 파일을 저장할 수 있는 앱이 아니라면 기본적으로 JPEG 파일을 보정하는 형태가 됩니다. JPEG는 이미 완성된 사진 파일 형식이기에 거기에 지나치게 보정하면 오히려 부자연스러워 보일 수 있습니다. 실제 상품과 이미지가 완전히 달라지는 일은 피해야 합니다.

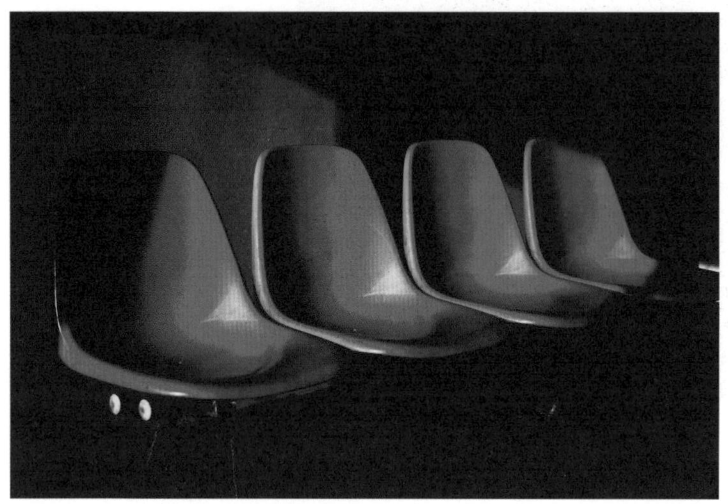

사진의 저장 방식에 주의한다

사진 앱 중에는 보정 내용을 원래 사진에 덮어쓰는 앱도 있고, 복사본을 만들어 저장하는 앱도 있습니다. 저장할 때 앱이 어떤 방식으로 저장되는지 확인합시다. 기본 카메라 앱에서 사진을 복사한 후에 복사한 파일을 보정하는 것도 한 가지 방법입니다. 참고로 VSCO는 복사본을 저장하고, Snapseed는 저장 방법을 선택할 수 있습니다.

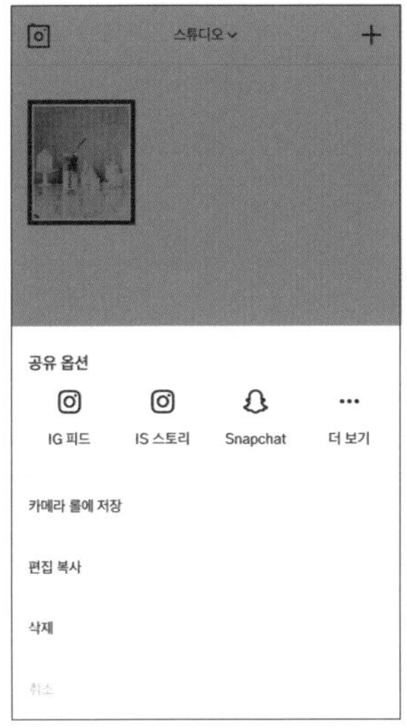

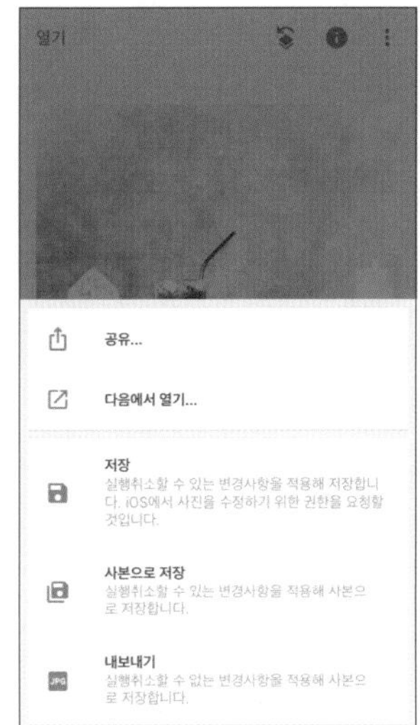

VSCO와 Snapseed의 저장 화면

화면의 밝기에 따라 인상이 달라진다

스마트폰에 표시한 사진은 스마트폰의 화면 밝기에 따라 인상이 크게 달라집니다. 예를 들어 화면 설정이 어두운 상태에서 사진을 보면 본래는 충분한 밝기로 설정되어 있음에도 눈으로 보기에 '어둡다'라고 판단해 노출을 많이 올릴 수 있습니다. 가능하면 일정한 밝기를 유지하고 보정하는 것이 좋습니다.

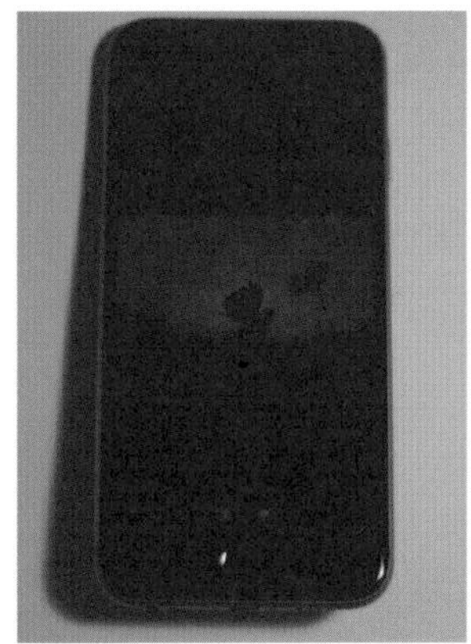

SECTION

03 VSCO로 보정하기

VSCO는 셔터 속도와 조리개, ISO 감도 등을 임의의 수치로 설정할 수 있는 매뉴얼 촬영을 비롯해 촬영한 사진에 필터를 입히거나 밝기나 채도 등을 보정할 수 있는 앱입니다. VSCO의 특징은 필터 기능이 많다는 점입니다. 유료 결제하면 100종류 이상의 필터를 사용할 수 있습니다. 또한 마음에 드는 보정 내역을 저장해 여러 사진에 적용할 수 있습니다.

사진을 불러온다

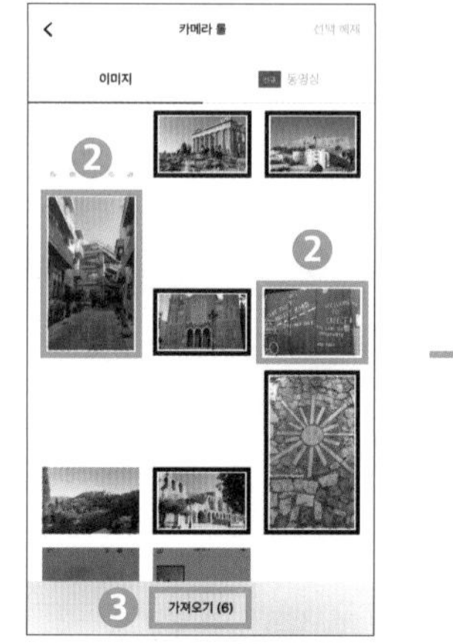

VSCO를 켜서 오른쪽 상단의 '+'를 탭합니다❶.

불러오고 싶은 사진을 탭한 후에❷, 화면 하단에서 '가져오기(불러오기)'를 탭합니다❸.

최초의 화면으로 돌아간 후 사진이 표시되는지 확인합니다❹.

사진을 보정한다

보정하고 싶은 사진을 탭한 후에❶, '⇋'를 탭합니다❷.

필터를 적용하려면 '▭'를 탭하고❸, 그 외의 조정을 하려면 '⇋'를 탭합니다❹. 여기에서는 '⇋'를 탭합니다.

설정할 항목을 탭하면 화면 아래에 슬라이더와❺, 사진 위에 격자가 표시됩니다❻. 이것을 스크롤해 사진을 보정합니다.

사진을 저장한다

저장할 사진을 탭한 후에❶, 화면 하단의 '…'를 탭합니다❷.

'카메라 롤에 저장'을 탭합니다❸.

스마트폰의 사진 앱을 열어 사진이 잘 저장되었는지 확인합니다❹.

입자(그레인)를 추가해 레트로하게 마무리한다

세련된 카페에서 커피를 창가에 두고 촬영한 사진입니다. 역광으로 찍혀서 VSCO로 어두운 영역을 밝게 보정했습니다. 또한 나무 테이블이 좋은 분위기를 자아내므로 그에 맞춰서 난색을 더했고, 입자도 더해 레트로한 분위기를 연출했습니다. VSCO로 보정한 후 Snapseed로 부분적인 보정을 더합니다.

Before

After

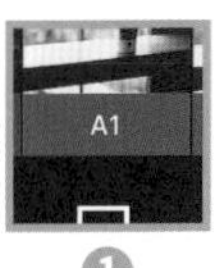

STEP 01

우선 필터를 입힙니다. 여러 필터를 테스트해보세요. 여기서는 유료인 'A1' 필터를 선택해❶, 그 효과를 +8.0로 설정했습니다❷.

STEP 02

다음으로 밝기를 보정합니다. 화면 하부의 '⚟'를 탭해 메뉴에 들어갑니다❸. '노출'을 탭한 후❹, 밝기를 +1.0으로 조정합니다❺. '명암 대비'는 조금 낮춰서❻, 부드러운 분위기로 만들었습니다.

STEP 03

다음은 화이트 밸런스로 색의 보정에 들어갑니다❼. '온도'를 +0.5로 설정해 난색을 더하고❽, '틴트'는 -0.5로 설정했습니다❾.

STEP 04

다음은 입자입니다⑩. 여기에서는 +2.5까지 더해서⑪, 레트로한 분위기를 만들었습니다.

STEP 05

창문 밖의 녹색이 아름다운데, 색온도를 높이다 보니 눈에 띄지 않게 되었습니다. 따라서 HSL을 사용해⑫ 녹색을 선택한 후 '채도(S)'를 +1.0⑬, '밝기(L)'를 +2.6으로 올려서⑭, 녹색의 존재감을 살렸습니다.

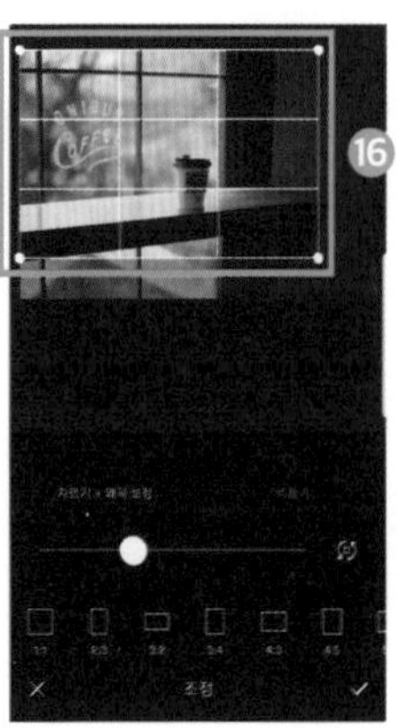

STEP 06

마지막으로 '조정'으로 사진을 자릅니다⑮. 커피가 3분할 선의 교차점에 오도록 다듬습니다⑯.

SECTION 04

Snapseed로 보정하기

Snapseed 앱으로는 촬영은 할 수 없지만, 밝기나 채도 등 일반적인 설정값을 조정하거나 필터 가공은 물론, 밝기 등을 부분적으로 보정하거나 사진에 반사된 불필요한 잡티를 주변과 동화시켜 제거하는 등 다채로운 사진 보정 기능을 탑재하고 있습니다. 다른 앱으로 전체적인 분위기를 잡은 다음에 Snapseed로 세밀하게 보정하면 편리합니다.

사진을 연다

Snapseed를 켜고 화면을 탭합니다❶. 사진을 어디에서 가져올지 선택합니다. 여기에서는 '기기에서 열기'를 탭합니다❷.

스마트폰에 저장된 사진이 섬네일로 표시됩니다. 보정하고 싶은 사진을 탭합니다❸. Snapseed에 사진이 표시됩니다❹. 여기에서 보정 작업을 합니다.

사진을 보정한다

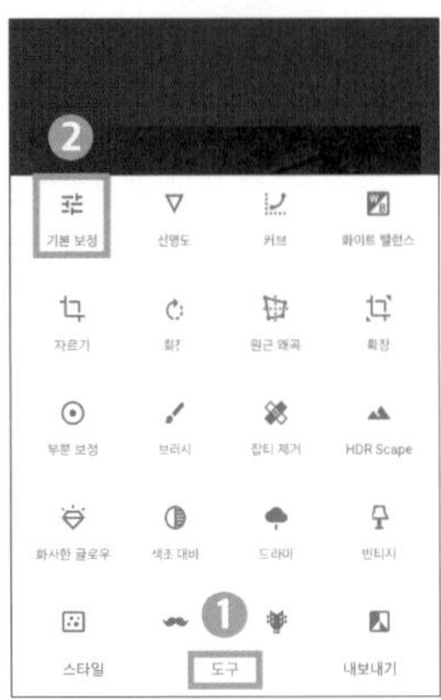

화면 하단의 '도구'를 탭하면❶ 항목이 표시됩니다. 이중 임의의 항목을 탭합니다. 여기에서는 '기본 보정'을 탭합니다❷.
화면 상단에 슬라이더가 있는 항목은, 화면에서 임의의 위치를 좌우로 스크롤해 수치를 변경할 수 있습니다❸.

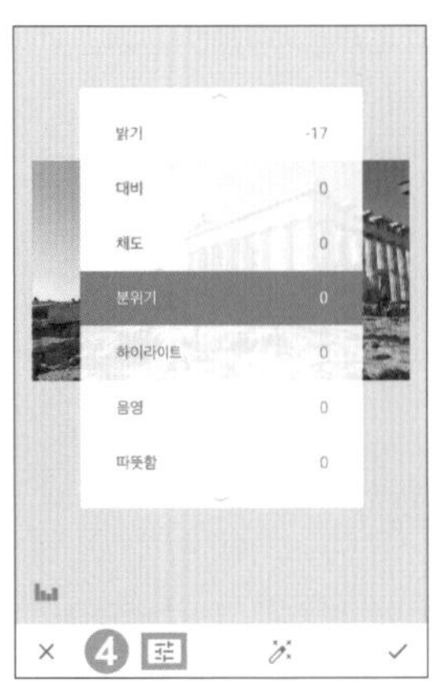

화면 하단의 '⊶'를 탭하면❹, 원하는 설정 항목을 변경할 수 있습니다.
❷에서 '잡티 제거'를 선택하면 사진의 수정하고 싶은 부분을 스와이프해❺ 사진을 보정할 수 있습니다.

사진을 저장한다

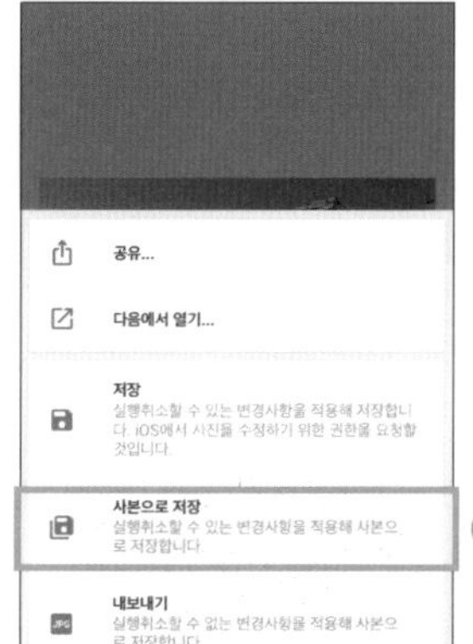

화면 하단의 '내보내기'를 탭합니다❶.
저장 형식을 선택할 수 있습니다. 여기에서는 '사본으로 저장(내보내기)'을 탭합니다❷.

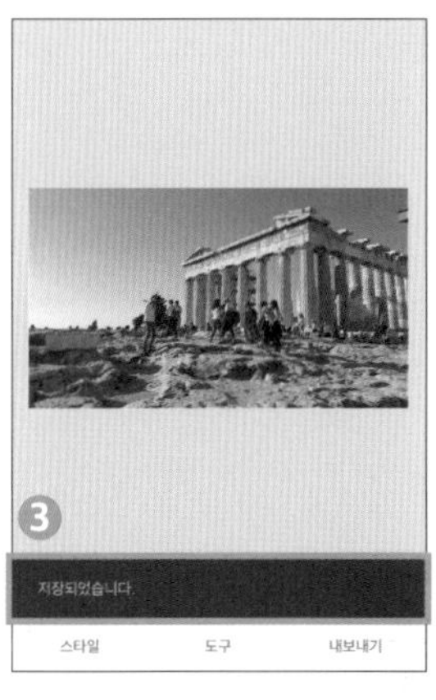

저장이 완료되면 '저장되었습니다'라고 표시됩니다❸.
스마트폰의 사진 앱을 열어 사진이 잘 저장되었는지 확인합니다❹.

부분 보정으로 마무리한다

여기에서는 214쪽에서 VSCO를 사용해 보정한 사진에서 일부분을 보정합니다. 바깥에 비가 내리고 있는데 빗방울이 창가에 맺혀 있는 것이 보기 좋지 않아서 제거했습니다. 또한 창가에 적힌 로고가 눈에 잘 띄지 않으므로 부분적으로 콘트라스트를 높여서 존재감을 강조했습니다.

Before

After

STEP 01

214쪽의 사진을 불러온 후에 '도구'❶에서 '잡티 제거'를 탭합니다❷.

STEP 02

잡티를 제거할 부분을 두 손가락으로 드래그해❸, 사진을 확대합니다.

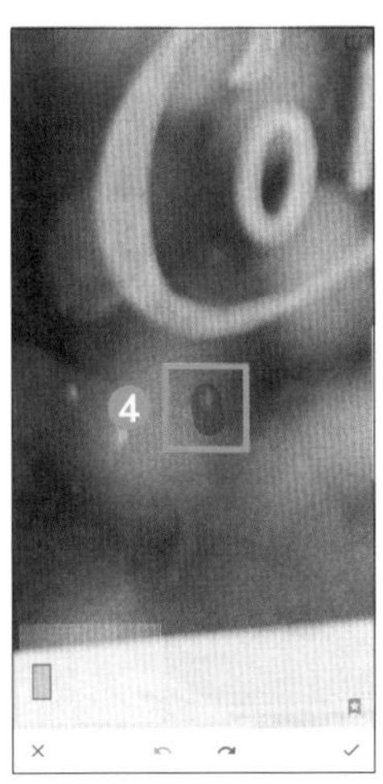

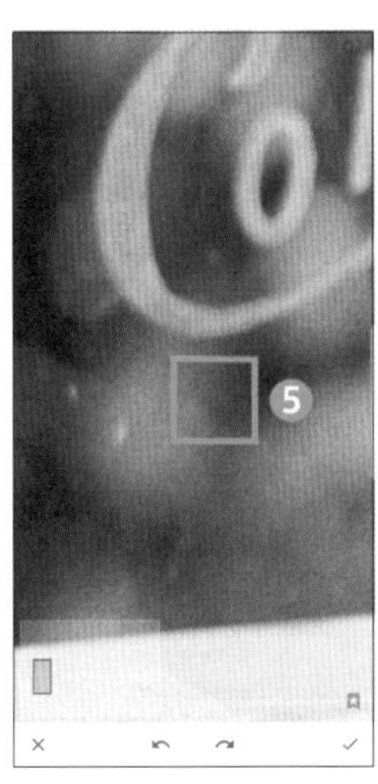

STEP 03

지우고 싶은 잡티를 문지르면 문지른 부분이 빨간 영역으로 표시되며❹, 몇 초 후에 잡티가 제거됩니다❺. 같은 방식으로 다른 부분의 잡티도 모두 제거합니다.

STEP 04

다음으로 창문의 로고 주변에 있는 물방울을 제거해보겠습니다. '부분 보정'을 탭합니다❻.

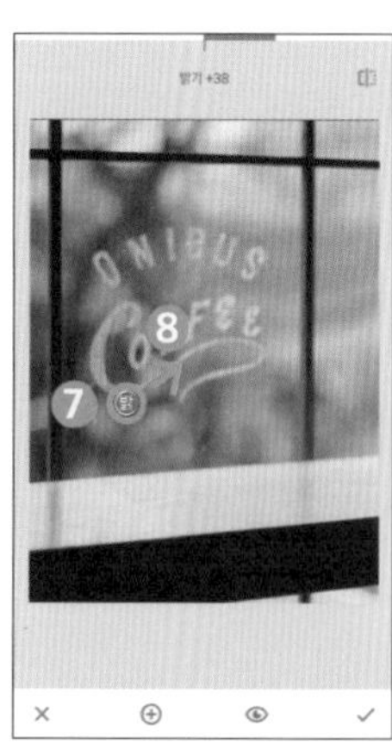

STEP 05

적용할 부분을 탭한 후❼, 두 손가락으로 드래그해 적용 범위를 결정합니다❽.

STEP 06

화면에서 아무 곳이나 좌우로 스와이프해 적용량을 정합니다❾. 이번에는 +27로 해, 조금 콘트라스트를 강하게 했습니다. 이렇게 보정 작업을 완료했습니다.

SECTION 05

RNI Films로 보정하기

RNI Films는 필름처럼 가공하는 데 특화된 사진 보정 앱입니다. 모노크롬 필름이나 옛날 후지필름의 색감을 재현한 필터를 고를 수 있으며, 세련되고 레트로한 분위기를 낼 때 적합합니다. 밝기 등의 기본 보정도 할 수 있어서 가공에서 필터까지 이 앱 하나로 사진 보정을 완성할 수도 있습니다. 다만 촬영 기능은 없습니다.

사진을 불러온다

RNI Films를 켠 후에 'LOAD PHOTO'를 탭합니다❶.

스마트폰에 저장한 사진이 섬네일로 표시됩니다. 보정할 사진을 탭합니다❷.

RNI Films에 사진이 표시됩니다❸. 여기에서 보정을 시작합니다.

사진을 보정한다

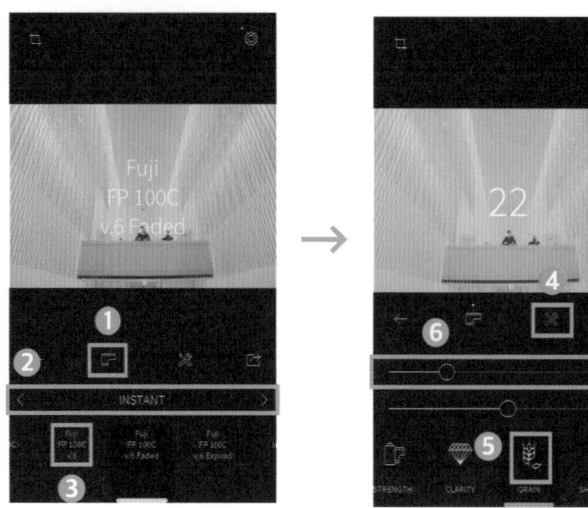

필터를 입히는 경우에는 '▭'을 탭하고❶, 중간 단을 스크롤해 필름의 카테고리를 고른 후❷, 임의의 필름을 탭합니다❸.

사진을 조정하는 경우에는 '⚒'를 탭하고❹, 조정할 항목을 탭한 후에❺, 슬라이더를 좌우로 스크롤합니다❻.

사진을 저장한다

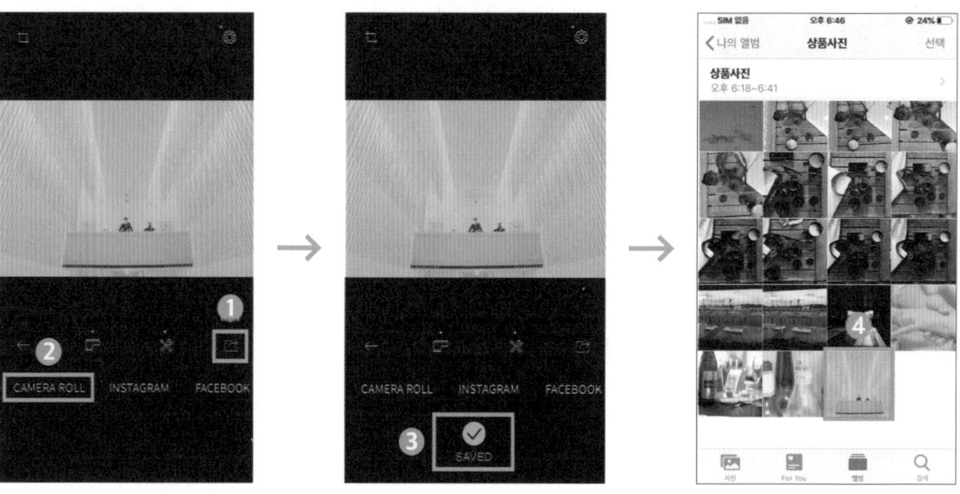

'⇗'을 탭해❶, 'CAMERA ROLL'을 탭합니다❷.

저장이 끝나면 'SAVED'라고 표시됩니다❸.

스마트폰의 사진 앱에 사진이 저장된 것을 확인합니다❹.

강렬한 인상으로 마무리해 맛있어 보이게 한다

간식 시간에 먹는 디저트라는 콘셉트로 촬영한 사진입니다. 배치나 앵글은 깔끔하게 정돈되어 있지만, 전체적으로 노란 기가 돌고 약간 뿌옇고 졸린 인상이 있습니다. 따라서 RNI Films를 사용해 강렬한 인상으로 보정해 맛있어 보이게 마무리했습니다.

Before

After

STEP 01

RNI Films를 켜서 사진을 불러옵니다❶.

STEP 02

필터 선택 화면에서❷, 이번에는 'Fuji Superia'를 선택했습니다❸. 콘트라스트가 높아지고 약간 적갈색이 감도는 사진이 되었습니다.

STEP 03

사진 조정에 들어가서 'BRIGHTNESS'를 낮춰서❹ 전체를 조금 어둡게 합니다.

STEP 04

'POST-TINT'를 높이고⑤, 사진 전체에 더욱 적갈색을 돌게 합니다. 이로써 보정이 끝났습니다.

STEP 05

'↗'을 탭해 사진을 저장합니다⑥.

진솔한 서평을 올려 주세요!

이 책 또는 이미 읽은 제이펍의 책이 있다면, 장단점을 잘 보여 주는 솔직한 서평을 올려 주세요.
매월 최대 5건의 우수 서평을 선별하여 원하는 제이펍 도서를 1권씩 드립니다!

- **서평 이벤트 참여 방법**
  ❶ 제이펍 책을 읽고 자신의 블로그나 SNS, 각 인터넷 서점 리뷰란에 서평을 올린다.
  ❷ 서평이 작성된 URL과 함께 **review@jpub.kr**로 메일을 보내 응모한다.
- **서평 당선자 발표**
  매월 첫째 주 제이펍 홈페이지(**www.jpub.kr**) 및 페이스북(**www.facebook.com/jeipub**)에 공지하고, 해당 당선자에게는 메일로 개별 연락을 드립니다.

독자 여러분의 응원과 채찍질을 받아 더 나은 책을 만들 수 있도록 도와주시기 바랍니다.